"La vida nunca será perfecta, pero *Ayuda rápida* te da las herramientas para navegar los momentos desordenados con gracia y resiliencia. La sabiduría y la guía compasiva de la Dra. Leaf son inmensamente valiosas para cualquiera que busque consejos prácticos, respaldados por la investigación, sobre cómo transformar pensamientos abrumadores en crecimiento con propósito".

—*Demi-Leigh Tebow*,
ex Miss Universo, autora superventas,
empresaria y conferencista

"La vida puede ser abrumadora, y a veces se siente como si el peso del mundo fuera demasiado para soportar. Pero ¿y si pudiéramos aprender a cargar con ese peso con más gracia? Este libro es una guía poderosa para quien desee comprenderse mejor, gestionar el caos de la vida y cultivar una mente más sana. No se trata solo de sobrevivir: se trata de florecer. Con una honestidad cruda y sabiduría práctica, este libro nos recuerda que la sanación es un proceso y que cada paso cuenta. Si buscas paz, claridad y la fuerza para seguir adelante, no puedo recomendarlo lo suficiente".

—*Michelle Williams*,
actriz, autora y defensora de la salud mental

"Todos tenemos pensamientos intrusivos, le damos demasiadas vueltas a las cosas y nos estresamos por tratar con personas difíciles. Hoy es más difícil que nunca. El libro de la Dra. Leaf muestra magistralmente qué está pasando realmente con tu estrés y qué hacer al respecto, basado en ciencia real y en sus décadas de experiencia clínica. ¡Es de lectura obligatoria si quieres prosperar en lugar de solo salir del paso cada día!".

—*Dave Asprey*,
padre del *biohacking* y cuatro veces autor superventas
en la lista de *The New York Times*

"El nuevo libro de la Dra. Leaf no solo aporta una comprensión profunda, sino también estrategias prácticas para superar los desafíos cotidianos y construir resiliencia mental. Una lectura esencial para quien busque fortalecer su interior y navegar el camino hacia el bienestar emocional afrontando los altibajos de la vida".

—*Dr. Josh Axe*, DC, DNM, CNS

"La Dra. Leaf lo entiende. La vida es desordenada, pero *Ayuda rápida* nos recuerda que no tenemos que resolverlo todo solos. Este libro es un regalo oportuno y práctico para navegar momentos difíciles".

—*Judah Smith*,
pastor de Churchome y autor de *Jesus Is*

"*Ayuda rápida,* de la Dra. Caroline Leaf, es el kit perfecto para atravesar los momentos más caóticos de la vida. Lleno de estrategias rápidas y respaldadas por la ciencia, es un recordatorio inspirador de que la sanidad y el crecimiento siempre están a nuestro alcance, incluso en las temporadas más tormentosas".

—*Dr. Will Cole,*
referente en medicina funcional, autor superventas de
The New York Times y presentador del pódcast
The Art of Being Well

"¿Y si tuvieras herramientas al alcance de la mano para superar los momentos más difíciles de la vida? Estoy más que agradecido de que la Dra. Leaf haya creado *Ayuda rápida.* Estas herramientas son simples, prácticas, están respaldadas por la ciencia y, sencillamente, funcionan".

—*Shawn Stevenson,* autor superventas de
Eat Smarter y *Eat Smarter Family Cookbook*

"En *Ayuda rápida,* la Dra. Caroline Leaf combina su brillante mente científica con su gran corazón —rebosante de cuidado compasivo y sabiduría— para crear una guía singularmente práctica y efectiva, muy necesaria en el mundo apresurado de hoy".

—*Kimberly Snyder,*
tres veces autora superventas de *The New York Times,*
autora de *The Hidden Power of the Five Hearts*

"La vida es desordenada, y no hay manera de endulzarla. Este libro es un mapa increíble para quien quiera tomar control de su bienestar mental, encontrar equilibrio y sentirse más en paz. Está lleno de consejos prácticos, sabiduría de la vida real y el tipo de inspiración edificante que todos necesitamos cuando parece que la vida nos supera. No podemos servir desde una copa vacía, y este libro es el recordatorio perfecto de que priorizar el bienestar mental no es un lujo; es esencial. No podría recomendarlo lo suficiente".

—*Alli Webb,*
fundadora de Drybar y Messy, autora superventas de
The New York Times y *USA Today*

"Una obra maestra para hallar la calma en medio del caos de la vida, programar momentos específicos para preocuparse y recordarnos que a veces está bien no estar bien. La Dra. Leaf articula con belleza la diferencia entre paz y felicidad, y deja al lector pepitas tangibles para poner en práctica mientras nos enseña a reducir la ansiedad. Lectura imprescindible".

—*Craig Siegel,*
autor superventas del *Wall Street Journal, coach,* maestro,
orador TEDx, ocho veces maratonista e inversionista

"La Dra. Caroline Leaf es una de las neurocientíficas clínicas y de investigación más prolíficas del mundo; además, es un ser humano fenomenal que genuinamente se preocupa por la gente. Este libro presenta lo mejor de lo que ofrece, con instrucciones prácticas para ayudar a cualquiera a gestionar mejor la ansiedad y el estrés. Léela y experimenta más paz en un apuro".

—*Rory Vaden,*
autor superventas de *The New York Times* de *Take the Stairs*

"En estos tiempos turbulentos y estresantes, *Ayuda rápida* nos recuerda que tenemos disponibles herramientas verdaderas, simples y efectivas. Muchas personas hoy luchan a diario para navegar el desorden y el caos de la vida, experimentando con demasiada frecuencia ansiedad, agobio, falta de energía y síntomas fisiológicos relacionados con el estrés. Este libro está lleno de consejos y herramientas prácticas que, aplicadas de forma simple y breve, pero constante, darán lugar a un cambio gradual hacia una vida de creciente calma interior. Pasos pequeños y constantes, según estas estrategias, ofrecen una vía a través y una salida del tumulto interior, el autorrechazo y el vivir anclados en el pasado o el futuro. Podemos aprender a no lamentar el pasado ni querer cerrar la puerta a él; también podemos aprender, gradualmente, a no quedarnos atrapados en 'viajes al futuro' que sabotean nuestro vivir el hoy que se nos ha dado. El objetivo es progreso, no perfección. Gracias, Dra. Leaf, por traernos otro libro accionable, oportuno y basado en evidencia".

—*Robert P. Turner*, MD, MSCR, QEEGD, BCN

AYUDA RÁPIDA

QUÉ HACER CUANDO TE SIENTES ABRUMADO, ANSIOSO O AL LÍMITE

DRA. CAROLINE LEAF

AYUDA RÁPIDA

Qué hacer cuando te sientes abrumado, ansioso o al límite

Publicado originalmente en inglés en 2025 bajo el título
HELP IN A HURRY
Simple Tips for Finding Peace When You're Overwhelmed, Anxious, or Stressed
por Baker Books, una división de Baker Book Publishing Group
Grand Rapids, MI

Traducción al español por:
Belmonte Traductores
www.belmontetraductores.com

Editado por Henry Tejada Portales

ISBN: 979-8-88769-618-8
eBook ISBN: 979-8-88769-619-5
Impreso en los Estados Unidos de América

Whitaker House
1030 Hunt Valley Circle
New Kensington, PA 15068
www.espanolwh.com

Por favor, envíe sugerencias sobre este libro a: comentarios@whitakerhouse.com

1 2 3 4 5 6 7 8 9 10 11 ꟺ 33 32 31 30 29 28 27 26

Mi dulce Alexy,
tu vela se apagó demasiado pronto,
pero las personas a las que tocaste aún sienten su calor,
porque tu vela fue brillante
y ardió con intensidad y rapidez por quienes amabas.

CONTENIDO

1

AYUDA RÁPIDA, ¿QUÉ ES ESO?

¿Alguna de estas frases forma parte de tu rutina diaria?

"¡Estoy hasta aquí!".

"No puedo más".

"Me va a explotar la cabeza".

"¡Que alguien me dé fuerzas!".

"Me rindo".

"¿Por qué a mí?".

"Estoy al límite".

"¡Me voy a arrancar los pelos!".

"Estoy a punto de quebrarme".

"Me estoy enfermando de preocupación".

"Soy un manojo de nervios".

"Esta fue la gota que colmó el vaso".

"¡Estoy que me subo por las paredes!".

"De aquí todo va cuesta abajo".

Todos tenemos días "torcidos", en los que todo lo que puede salir mal, sale mal. Como dice el refrán: "Cuando llueve, llueve a cántaros". Si lo piensas, tenemos muchos dichos así, en muchos idiomas. Mi favorito es una frase en árabe que se traduce como: "Unos días miel, otros días cebollas" (metáfora para los días dulces y los días amargos de la vida). ¡La idea de un mal día es bastante universal!

Esto, sin embargo, no significa que tengamos que quedarnos bajo la lluvia sin paraguas ni impermeable. Por eso escribí este libro: los "días malos" son universales; pero saber qué hacer cuando nos enfrentamos a los altibajos de la vida no lo es. Muchísimos de nosotros nos quedamos en blanco cuando todo se descontrola o cuando... [inserta aquí tu palabrota favorita]. Sabemos que pasan cosas malas, pero no qué hacer cuando pasan.

Este libro está lleno de estrategias sencillas y rápidas para ayudarte cuando las cosas van mal y no sabes por dónde empezar. Básicamente, es una guía para esos días "de tormenta" o "de cebolla" (días amargos, ¿lo recuerdas?), basada en mi experiencia personal y profesional, mi trabajo en el campo de la salud mental durante más de tres décadas y lo que muestra la investigación más reciente sobre cómo gestionar la mente y el cerebro para fortalecer tu resiliencia mental.

Claro que podemos ir por la vida de crisis en crisis e ir improvisando. El problema de este enfoque ante los "malos días" es que, cuanto más dejamos que las cosas simplemente pasen, más permitimos que esas cosas nos moldeen, en vez de usar los tiempos difíciles como oportunidades para aprender, crecer y hacernos fuertes, de modo que no nos tambaleen tanto las vicisitudes de la vida.

Piensa en una vez reciente en la que te irritaste. Si te quedaste en ese estado mental de irritación, es muy probable que se intensificara y se propagara como un virus por otras partes del día, bloqueando el acceso a tu resiliencia mental y haciendo que lo pequeño pareciera mucho peor, a la vez que te dejaba con menos capacidad para afrontar estresores importantes. Y si entras en el patrón de reaccionar así, en 63 días se convierte en un hábito que puede afectar seriamente tu bienestar y hacerte sentir mucho peor a corto y a largo plazo.

Ojo: dije 63 días, que es aproximadamente el tiempo que tarda en formarse un hábito.[1] Esto significa que tenemos cierto margen para evitar que algo que estamos haciendo se convierta en un hábito que nos gobierne e influya en nuestra salud mental y física. Tenemos tiempo para elegir cómo reaccionar, en lugar de dejar que lo que nos pasa determine nuestra resiliencia ante la vida. De esto trata este libro: cómo obtener ayuda rápida, desarrollar buenos hábitos que fortalezcan tu resiliencia y definir un plan de juego para la vida, que es, inevitablemente, un asunto muy desordenado.

En este libro tenemos tormentas, cebollas y virus… y qué hacer con ellos. Lo que no vas a encontrar es la promesa de que todo estará siempre bien ni equis pasos garantizados para quitarte el dolor, el estrés y la irritación y hacerte feliz todo el tiempo. No es un libro sobre optimizar tu vida para que se cumplan todos tus sueños ni para ayudarte a vivir hasta los 120.

Hay muchos libros por ahí sobre esos temas, y puede que te sirvan o puede que no. A mí, personalmente, muchos me resultan un poco abrumadores, y sé que no soy la única. Varias veces en mi vida necesité una mano amiga que me dijera que está bien no estar bien, y que está bien ir paso a paso y simplemente averiguar cómo llegar a la próxima hora, al próximo día o a la próxima semana; y eso es lo que encontrarás aquí: una mano amiga, sin juicios, porque ¿quién tiene tiempo para eso? En estas páginas todo gira en torno a aprender a gestionar la mente y las emociones en medio del caos cotidiano. Se trata, sencillamente, de estar bien, porque muchísimos de nosotros estamos batallando justo con eso.

Por supuesto, muchas de estas luchas están profundamente enraizadas en traumas y experiencias pasadas que requieren tiempo y mucho trabajo para aprender a gestionarlas, tema que abordo en detalle en mis libros anteriores, en mi *app Neurocycle* y en mi investigación.[2] Este libro, en cambio, se centra en estrategias para ayudarte a sobrevivir a esas tormentas que irrumpen de golpe, esas luchas inesperadas, y a veces esperadas, que te cortan las piernas y te dejan aturdido, sin saber cómo levantarte.

De hecho, esto es una parte importante de cualquier proceso de sanación: necesitamos aprender a atravesar el siguiente momento antes de poder sumergirnos en todo el trabajo que ese camino implica. Así que mira este libro como un recurso, algo "a la mano" para cuando vas con prisa y tienes mil frentes abiertos. Está lleno de estrategias para enseñarte a estabilizar la mente y enfocarte en medio del caos para poder ir de A hacia B. No es una guía exhaustiva del viaje de sanación, sino una ayuda para mantenerte en el camino, de modo que puedas hacer el resto del trabajo y vivir una vida más plena y con sentido.

Es importante mencionar que los consejos y estrategias de este libro no son arreglos rápidos ni soluciones definitivas. Están pensados para ayudarte a pasar el día sin derrumbarte por el estrés o el agobio, y para llevarte al punto en el que puedas trabajar tus asuntos y traumas para reescribir tu historia. Así que no te desanimes si notas que algunos de estos escenarios son patrones bastante marcados en tu vida y te estás tomando un poco más de tiempo del previsto para lograr los cambios que deseas. Recuerda que se necesitan al menos 63 días para cambiar un hábito, y esto es algo que eres más que capaz de conseguir con el tiempo y con ayuda.

Y esto empieza por aceptar que está bien no estar bien, como mencioné arriba, y que está bien que la vida sea caótica y desordenada de vez en cuando... siempre y cuando no nos quedemos atascados en la zona de "mal día".

Se trata de tomar esas cebollas y hacer algo con ellas en lugar de dejar que nos hagan llorar; de ponernos el abrigo y las botas de lluvia y agarrar el paraguas para que la tormenta no nos arrastre; de fortalecer nuestras defensas contra ese virus para que no nos tumbe días, semanas o meses.

Las guías de este libro son maneras de salir de ese modo reactivo en el que tomamos decisiones de las que luego nos arrepentimos o construimos hábitos en caliente, y que acaban haciéndonos daño. Se trata de prepararnos bien hoy para tener que reparar menos mañana.

En el próximo capítulo empezaré dándote un poco de ciencia sobre cómo funciona la conexión mente-cerebro-cuerpo, qué pasa cuando lidiamos con los altibajos de la vida, por qué está bien no estar bien, y qué podemos hacer al respecto. Luego repasaré varios de los grandes problemas a los que muchos nos enfrentamos a lo largo de la vida, con consejos prácticos, ejemplos y estrategias para enseñarte a afrontar el momento, superar el día y seguir adelante hacia cosas más grandes y luminosas.

Para descargar la *app Neurocycle,* visita www.neurocycle.app.

Tanto la app como la web las encontrarás en idioma inglés.

2

¡AYUDA! ¿QUÉ ESTÁ PASANDO EN MI CABEZA?

Cuando todo a nuestro alrededor se siente como un desastre, es fácil imaginar que nuestra mente y nuestro cerebro también lo están. Piensa en palabras y frases como "mente dispersa", "niebla mental", "alucinante", "sacarte de tus casillas", "volverte loco" y "cerebro frito". Todo se siente fuera de control y fuera de nuestra cabeza, así que debe ser igual dentro de ella, ¿no?

Aquí ayuda entender qué sucede exactamente en la mente, el cerebro y el cuerpo cuando experimentamos la vida y por qué todo puede sentirse tan desordenado dentro de la cabeza cuando estamos estresados, abrumados y necesitamos "ayuda rápida".

No hace falta recordar todos estos datos cuando estamos luchando, pero saber qué está pasando y cómo podemos cambiar la forma en que respondemos a la vida puede ser increíblemente útil. La "vista panorámica" nos ayuda a salirnos de nosotros mismos para no perdernos en la locura de la vida hasta olvidar que siempre hay esperanza. Nunca es tarde para cambiar nuestra mente e influir positivamente en cómo pensamos, sentimos y elegimos, y en cómo eso se manifiesta en nuestra vida. ¡Nunca es tarde para recibir ayuda rápida!

¿QUÉ ES LA MENTE?

La mente puede ser un concepto escurridizo, así que conviene empezar por lo que la mente no es. Tu mente no es tu cerebro, así como tú no eres tu cerebro. La mente es separada —aunque inseparable— del cerebro. La mente usa el cerebro, y el cerebro responde a la mente. El cerebro no produce la mente. Sí, no habría experiencia consciente sin el cerebro, pero la experiencia no puede reducirse a las acciones del cerebro.

La mente es energía, y genera energía mediante el pensar, sentir y elegir. Eso significa que generamos energía con la mente en acción 24/7, parte de cuya actividad captamos con tecnología cerebral. Cuando generamos esta energía mental al pensar, sentir y elegir, construimos pensamientos, que son estructuras físicas en el cerebro. A este construir pensamientos se le llama neuroplasticidad, o la capacidad del cerebro para cambiar.

La mente es un flujo de actividad no consciente y consciente cuando estamos despiertos, y un flujo de actividad no consciente cuando dormimos. Se caracteriza por una tríada: pensar, sentir y elegir. Cuando pensamos, vamos a sentir; y cuando pensamos y sentimos, vamos a elegir. Estos tres aspectos trabajan juntos.

Tú tienes una manera única de pensar, sentir y elegir: esa es tu identidad. Cuando por alguna razón tu pensar, sentir y elegir "se desajustan", esto afecta tu identidad. Cuando piensas, sientes y eliges, creas, y esa creación es un pensamiento.

Y siempre estás pensando, sintiendo y eligiendo. Cuando estás despierto, piensas, sientes y eliges para construir pensamientos. Cuando duermes, ordenas los pensamientos que construiste durante el día.

¿QUÉ ES EL CEREBRO?

El cerebro es un respondedor neuroplástico extremadamente complejo. Esto significa, esencialmente, que cada vez que la mente lo estimula, responde de muchas formas distintas, incluidos cambios neuroquímicos, genéticos y electromagnéticos. Estos, a su vez, hacen crecer y modificar estructuras en el cerebro, construyendo o "cableando" nuevos pensamientos físicos. Así que el cerebro no es el productor de la mente, sino más bien el filtro de la mente.

El cerebro nunca es el mismo, porque cambia con cada experiencia que tenemos, a cada momento de cada día. Y podemos aprender a dirigir esto con nuestra manera única de pensar, sentir y elegir. Podemos usar nuestra mente para cambiar nuestro cerebro, que es precisamente lo que aprenderás a hacer con los consejos de «ayuda rápida» de este libro.

LAS TRES PARTES DE LA MENTE

La mente se divide en mente consciente, mente no consciente y mente subconsciente. Para entender estas tres partes, piensa en un árbol. La copa del árbol es la mente consciente, que es nuestra comunicación y conducta, es decir, lo que decimos y hacemos.

La zona del tronco del árbol y el césped a su alrededor representan la mente subconsciente, o los empujones de la mente no consciente que están justo en el borde de nuestra conciencia. Son esas señales "en la punta de la lengua", eso que "no terminas de captar", que evocan y disparan la sensación de que algo necesita atención, algo está tratando de llamarnos.

Las raíces son la mente no consciente, que es el mundo cuántico profundo, espiritual y fenomenalmente veloz donde se almacenan nuestro valor de verdad, inteligencia, sabiduría, significado y los pensamientos con sus recuerdos incrustados, en una masa arremolinada de energía.

Entender estas divisiones de la mente nos ayuda a comprender mejor nuestra mente y a nosotros mismos, lo cual nos capacita para gestionar lo que nos ocurre de la mejor manera posible. ¡Cuando entendemos el *por qué*, el *cómo* se vuelve mucho más fácil!

¿QUÉ HAY EN UN PENSAMIENTO?

Los pensamientos son tanto los ingredientes activos como los productos de la mente. La mente convierte todas nuestras experiencias, durante todo el día, en pensamientos; y construye esos pensamientos en el cerebro y el cuerpo como estructuras proteicas en forma de árbol en el cerebro y en forma de seto en las células del cuerpo. Los pensamientos son la acumulación de todas nuestras experiencias, de cómo vemos y procesamos cada momento, y son, en gran medida, lo que nos impulsa. También pasan a formar parte de todo nuestro ser físico como estas estructuras proteicas que almacenan nuestra memoria.

Cada pensamiento tiene además reacciones electroquímicas correspondientes en el cerebro y el cuerpo. Cuando pensamos, la energía y los químicos recorren nuestro cerebro y nuestro cuerpo en ondas electromagnéticas magníficamente complejas y en bucles de retroalimentación electroquímica que, si pudiéramos oírlos, sonarían como la más exquisita sinfonía orquestal si se trata de pensamientos saludables, o como una cacofonía ensordecedora si son tóxicos.

¿QUÉ ES UN RECUERDO?

Los pensamientos están hechos de recuerdos. En el cerebro, estas estructuras físicas del pensamiento crecen desde la parte superior de las neuronas como racimos de ramas llamados dendritas, que parecen árboles. Un pensamiento puede tener desde unos cientos, hasta miles de recuerdos. Por eso algunos pensamientos pueden resultar tan abrumadores: cuando un pensamiento pasa a la mente consciente, se abre como una flor al florecer y los recuerdos se derraman como polen en primavera. Si es un buen recuerdo, puedes verte inundado de sensaciones agradables. Si es un recuerdo tóxico o un trauma, es un poco como tener alergias muy intensas por todo ese polen volando que no puedes quitarte de encima. Puedes encontrarte reproduciendo escenas del pasado, creando infinitos "si tan solo...", "habría...", "debería...", "podría..." y quedarte atascado en el dolor y la incomodidad de lo que te pasó, de ahí que puedas necesitar ayuda rápida.

LOS PENSAMIENTOS CRECEN DESDE "SEMILLAS", COMO ÁRBOLES Y SETOS

Así como los árboles y los setos empiezan a crecer a partir de semillas y luego desarrollan raíces, troncos, ramas y hojas, nuestros pensamientos se originan en "semillas de experiencias" —nuestras historias— y se expanden en numerosas raíces, troncos, ramas y hojas en la mente, el cerebro y el cuerpo.

Las raíces son los distintos recuerdos o los detalles de la experiencia. Por ejemplo, el pensamiento puede ser el de una relación traumática con un familiar, y todos los detalles de esa experiencia son los recuerdos de ese pensamiento. O el pensamiento puede ser muy feliz sobre un familiar, y los detalles de ese pensamiento feliz son los recuerdos.

El tronco simboliza la manera única en que piensas sobre los recuerdos "raíz" de la experiencia y los procesas. Además, también procesas cada experiencia nueva a través del filtro de pensamientos ya existentes con sus recuerdos incrustados, que son tus experiencias pasadas, para entenderla mejor. Es tu pasado influyendo en tu presente.

Las ramas reflejan cómo todo esto se manifiesta y aparece dentro del contexto actual de tu vida y cómo afecta lo que sientes y cómo ves la vida, lo que dices y haces, y cómo se siente en tu cuerpo. Por ejemplo, al recordar el pensamiento tóxico sobre un familiar problemático, puedes sentir ansiedad, tener dolor de estómago, retraerte un poco y ver la relación como algo sin esperanza.

LOS PENSAMIENTOS SE ALMACENAN EN TRES LUGARES

Los pensamientos se almacenan en tres lugares: la mente, el cerebro y cada célula del cuerpo. Forman una red conectada a través de tu mente, tu cerebro y tu cuerpo. Una analogía útil para entender esta red es visualizar tu mente como el cielo y los pensamientos como nubes en ese cielo, algo así como tu propio "iCloud" personal suspendido sobre los árboles del pensamiento en tu cerebro y en tu cuerpo. El "cielo" de la mente básicamente construye tu experiencia en ese iCloud personalizado y luego "planta" esa experiencia en el cerebro como "árboles de pensamiento" y en el cuerpo como "setos".

El cielo es toda tu energía combinada en una sola "cosa" viva que no muere. Y así como el cielo te rodea, tu mente te rodea. Las nubes, como tus pensamientos, son patrones específicos hechos de partículas de memoria que provienen de todas las experiencias que has tenido, estás teniendo o tendrás. Del mismo modo que tienes pensamientos distintos, también tienes distintos tipos y formaciones de nubes, y cambian a medida que el clima de la mente varía según tus experiencias de vida. Estás actualizando y respaldando constantemente tu iCloud personal del cielo con cada experiencia nueva, a cada momento de cada día, igual que el cielo y el clima cambian sin parar y afectan a las plantas que hay debajo.

LA CONEXIÓN MENTE-CEREBRO-CUERPO

Los pensamientos, con sus complejas raíces y ramas de recuerdos, no se almacenan solo en el cerebro; se almacenan a lo largo de los 50 a 100 billones de células del cerebro y del cuerpo y en las nubes de tu mente. Por eso, cuando estás bajo estrés tóxico, por ejemplo, el corazón puede "doler" o el estómago gorgotear e inflamarse; o, cuando alguien te dice algo que te dispara, puedes sentirte abrumado por la náusea o con "un nudo en el estómago".

Como mencioné arriba, la mente es la forma única en que pensamos, sentimos y elegimos mientras atravesamos la vida. El cerebro y el cuerpo son el filtro a través del cual trabaja la mente y, mientras lo hace, cambian tanto la estructura como el funcionamiento de nuestro cerebro y nuestro cuerpo. A esta relación mente-cerebro-cuerpo se la llama psiconeurobiología.

Una de las maneras en que podemos "ver" la energía de la mente manifestarse en el cerebro es como ondas cerebrales. Nuestras ondas cerebrales están activas todo el tiempo porque la mente siempre está activa e impulsa la vida a través del cerebro y del cuerpo. Las ondas cerebrales cambian según cómo se mueven por el cerebro, lo cual depende de lo que estamos pensando, haciendo y sintiendo. Cuando nos sentimos cansados, lentos, aletargados o soñolientos y no procesamos bien la información o las emociones, dominan las ondas más lentas. Cuando nos sentimos acelerados o en hiperalerta, como si hubiera demasiado pasando en nuestra cabeza, dominan las frecuencias más altas. Cuando gestionamos la mente, equilibramos estos extremos, y ese equilibrio es distinto para cada uno.

La manera en que funcionan nuestras ondas cerebrales y nuestra experiencia diaria del mundo son inseparables, porque la mente se mueve a través del cerebro y el cerebro responde a la mente. Cuando nuestras emociones están desequilibradas o muy negativas (por ejemplo, cuando no asumimos retos para construir conocimiento nuevo a diario en el cerebro, o cuando respondemos de forma caótica y reactiva a los estresores crónicos y agudos de la vida), esto se reflejará en nuestra fisiología (sangre, hormonas, etc.) y en nuestras ondas cerebrales, que quedarán desequilibradas. Existe una relación correspondiente entre la mente y el cerebro que se manifiesta en nuestra salud mental, emocional, neurológica y física.

GESTIONAR NUESTRA MENTE

La conectividad y el equilibrio que la mente, el cerebro y el cuerpo necesitan pueden alterarse cuando no gestionamos bien la mente. Debido a la neuroplasticidad del cerebro, si no cambiamos nuestras reacciones al estrés, las estamos reforzando: no se van solas. Aquello en lo que más pensamos es lo que crece.

Si elegimos permanecer en un estado mental negativo, esto puede generar una respuesta tóxica en el cerebro que impacta todos los sistemas del cerebro y del cuerpo. También vale lo contrario: si elegimos empezar a ver cada oportunidad como una ocasión para aprender, crecer y superar, y encontramos lo positivo en lo negativo, la esperanza comienza a regresar y podemos influir de forma positiva en nuestras ondas cerebrales y en el cuerpo... ¡hasta el nivel celular![1]

¿POR QUÉ NECESITAMOS AYUDA RÁPIDA?

Por eso es tan importante aprender a gestionar la mente en el momento. Nos enseña a no reforzar patrones negativos que pueden dañar nuestro bienestar mental, nuestra salud y nuestra longevidad.

De hecho, todos tenemos que aprender a capturar y editar nuestros pensamientos y reacciones antes de que detonen cadenas tóxicas y se conviertan en redes neuronales arraigadas (también conocidas como malos hábitos). En esencia, tú eres tu mente, y tu mente dirige tu cerebro y tu cuerpo; así que una mente desordenada y no gestionada significa un cerebro y un cuerpo desordenados y no gestionados, y cuando los tres están en desorden, ¡nuestra vida puede sentirse en desorden!

Ahora bien, gestionar no siempre es tan fácil como suena, especialmente cuando sientes que tu vida se desmorona a tu alrededor. De ahí la necesidad de una mano amiga rápida en el momento (y eso es lo que busca ser este libro) para ayudarte a atravesar esos instantes en los que todo va mal y sientes que el cerebro está a punto de explotar.

A medida que practiques estos consejos, estarás literalmente construyendo una póliza de seguro en tu red mente-cerebro-cuerpo que abrirá la puerta a tu resiliencia ilimitada, ¡cambiando tu mente, tu cerebro y tu cuerpo para bien!

3

¡AYUDA, ESTOY BAJO PRESIÓN!

Las ollas a presión son geniales. Son una maravilla de una sola olla: pones todo dentro, la dejas un rato y ¡*voilà*! Sale una comida deliciosa y nutritiva con mínima preparación y poco desorden. Las personas, sin embargo, no somos "maravillas de una sola olla"... la vida es compleja. A veces las cosas salen bien bajo presión, y a veces salen mal. Sobre todo cuando nos ponemos cantidades indebidas de presión para vernos o actuar de cierta manera o para alcanzar ciertas metas.

Claro que no toda presión es mala. De hecho, nos va bastante bien bajo lo que llamo "presión positiva", porque nos mantiene en un estado de buen estrés (sí, ¡eso existe!), que en lugar de disminuir nuestro rendimiento, lo mejora. Piensa en el tipo de estrés que sientes cuando necesitas hacer algo en un periodo de tiempo determinado, como una tarea, un examen o un proyecto. El buen estrés nos ayuda a mantenernos alertas y enfocados en el momento. Dilata los vasos alrededor del corazón, bombea sangre y oxígeno al cerebro y libera neurotransmisores que trabajan juntos para ayudarnos a pensar con claridad y reaccionar de la mejor manera posible. Sin este tipo de estrés no haríamos gran cosa.

Es como un entrenamiento vigorizante para la mente, el cerebro y el cuerpo. Sí, requiere trabajo y esfuerzo, pero después nos sentimos muy bien. La presión positiva nos ayuda a activar esa energía de "hacer que las cosas sucedan". En el pasado, ayudó a nuestros antepasados a sobrevivir, aprender, desarrollar habilidades y crecer. De forma parecida, hoy nos ayuda a sobrevivir y prosperar. Piensa en una ocasión reciente en la que te costó aprender algo nuevo o alcanzar una meta y cómo, aunque por momentos fue estresante, aprendiste muchísimo y desbloqueaste un nuevo nivel de vida.

La presión negativa empieza a acumularse cuando caemos en el hábito de pensar de ciertas maneras, lo que retuerce ese tipo de presión positiva y la convierte en una fuerza que nos desplaza a un estado de estrés tóxico. Por ejemplo, sentir inquietud, tener una sensación flotante de ansiedad o la impresión de que cosas que antes te daban alegría ya no la dan, experimentar mayor irritabilidad y arrebatos de enojo y sentirte cansado todo el tiempo: todo esto puede ser señal de *burnout* y de estrés negativo.

Esto crea mucha confusión y energía caótica a nivel fisiológico, alterando el equilibrio (homeostasis) entre mente, cerebro y cuerpo, que es intrínseco a nuestro bienestar. Drena nuestra energía mental y física, a menudo dejándonos exhaustos y abrumados, y si no se gestiona puede volvernos vulnerables a toda clase de problemas mentales y físicos.

Los periodos prolongados de este tipo de estrés, por ejemplo, pueden afectar nuestra capacidad para digerir los alimentos y dormir, a la vez que sientan las bases de problemas mentales como ansiedad persistente y depresión. Por eso es vital reconocer cuándo el cuerpo está en estrés tóxico para salir rápido de la "zona de peligro".

De hecho, si experimentamos niveles altos de estrés de forma constante sin tomar medidas para gestionarlo o reducirlo, el agotamiento acabará imponiéndose y nos sentiremos quemados física y emocionalmente. Empezaremos a perder motivación (parece que nada de lo que hacemos importa), mientras que hasta las tareas más pequeñas pueden dejarnos abrumados y hechos polvo.

Aquí conviene recordar qué es la presión. Si te acuerdas del colegio, la presión es una fuerza. Aplicada a ciertas cosas, funciona de maravilla. Volvamos al ejemplo de la olla a presión: este electrodoméstico atrapa vapor a partir del agua hirviendo y usa esa presión para aumentar la temperatura y cocinar la comida en su interior, reduciendo el tiempo de cocción y potenciando el sabor (por menor evaporación).[1] Pero si la dejas más allá del tiempo recomendado, al final explota, y tu cocina no quedará nada bien. La clave es gestionar la presión: limitar el tiempo de "cocción" y vigilar el proceso, como en muchas cosas de la vida.

Otro gran ejemplo es usar un inflable de piscina o un kayak. La presión justa nos permite disfrutar del agua; demasiada presión hace que revienten y puede arruinar un buen día bajo el sol.

Sí, la vida es más complicada que los electrodomésticos o los juguetes de piscina, y no siempre podemos controlar la cantidad de presión a la que estamos expuestos. Pero sí podemos aprender a gestionar esa presión cuando somos nosotros quienes dirigimos la fuerza, y podemos aprender a dejar escapar un poco de vapor cuando las cosas se ponen demasiado calientes.

La presión tiene que ir a alguna parte, y podemos aprender a dirigirla en el momento, convirtiendo nuestros mayores recursos en algo que energiza en lugar de abrumar. Aquí tienes siete formas sencillas de hacerlo cuando sientes que todo está a punto de explotar por la presión.

1. CÓMO LIDIAR CON "NO LOGRÉ HACER TAL COSA".

A menudo nos ponemos mucha presión para hacer cierta cantidad de cosas en un día, y si no logramos tacharlo todo de la lista, podemos sentirnos bastante estresados, abrumados y ansiosos.

Esto es algo con lo que yo también suelo batallar. Esa sensación de pánico que aparece cuando se acerca el final del día y te das cuenta de que no "conquistaste" tu lista de pendientes, y lo único en lo que puedes pensar es en todo lo que no lograste y en qué tanto eres un "fracaso". Definitivamente he estado ahí, hecho eso y hasta tengo la camiseta (o toda una colección).

Es muy fácil caer en este tipo de pensamiento porque todos tenemos mucho en el plato. A menudo basta una tarea o responsabilidad fallida para descarrilar el día entero y dejarnos con la sensación de que no hicimos nada.

Cuando te descubras cayendo en este patrón, algo clave que recordar es que esto es solo una perspectiva. Sí, no hiciste algo, eso es innegable, pero te estás enfocando en lo que no hiciste en lugar de enfocarte en lo que sí hiciste. Puede parecer un diferencia mínima, pero es un pequeño giro que marca una gran diferencia en la cantidad de presión que sientes y en el tipo de estado de estrés en el que terminas.

Al sorprenderte a ti misma pensando así, lo mejor que puedes hacer es pausar, tomarte un momento para decir en voz alta o escribir lo que sí has logrado y recordarte que mañana habrá tiempo para hacer lo demás. Cuanto más lo practiques, más notarás que se convierte en tu perspectiva por defecto cuando estás bajo presión, en lugar del modo "no logré hacer tal cosa".

La tabla sencilla de abajo puede ayudarte a registrar cuándo te pasa esto y tus progresos. Es opcional, pero puede ser muy útil si quieres practicar este cambio de perspectiva y convertir esta nueva forma de pensar en un hábito.

La primera columna es lo que llamo un *mindhack*: algo simple que puedes hacer en el momento para poner tu neurofisiología bajo control y ayudar a calmar tu mente, tu cerebro y tu cuerpo para pensar con más claridad. En esencia, un *mindhack* te ayudará a entrar en un buen estado de estrés. Puede ser un ejercicio de respiración, una actividad física o una técnica de anclaje; haz lo que a ti te funcione cuando sientas que la presión va en aumento.

La segunda columna es la declaración de presión que te escuchas diciendo en el momento: "No he hecho tal cosa". Cuando lo escribes, pierde mucho de su poder sobre ti. Escribir también te ayuda a volverte más objetivo y analítico, casi como si un amigo te estuviera contando que él reacciona así y te pidiera consejo. Te permite salirte de ti mismo y pensar de verdad sobre lo que piensas, sientes y haces.

La tercera columna es donde examinas cómo tu percepción te está afectando mental o físicamente. Es donde piensas cómo la presión negativa de "no terminé tal cosa" te está poniendo en un estado de estrés negativo. Por ejemplo, ¿tu percepción te hace sentir estresado, ansioso o alterado? ¿Sientes náuseas o "un nudo" en el estómago?

La cuarta columna es lo que llamo el *mindshift*, donde reformulas tu pensamiento. Es la sección de "¿Cómo puedo ver esto de otra manera y hacer que esta presión trabaje a mi favor y no en mi contra?". Aquí practicarás enfocarte en lo que sí has logrado en lugar de centrarte en lo que aún te falta por hacer.

Puedes hacer esto rápido, en menos de un minuto, o tomarte el tiempo que necesites. Abajo tienes solo un ejemplo de cómo puede verse. También puedes escribirlo de otra forma que te funcione o descargar esta tabla con espacios para completarla usando el código QR al final del capítulo. Recuerda que las tablas para descargar están en inglés.

"NO TERMINÉ TAL COSA".	
Mindhack	Practica respiración abdominal profunda durante diez segundos, inhalando y exhalando lenta y suavemente.
¿Qué estoy pensando?	¡No he terminado de responder todos mis correos! ¡La gente se va a molestar!
¿Cómo me siento?	Tensión en los hombros y el estómago revuelto.
Mindshift	Sí respondí los tres correos realmente importantes de mi bandeja de entrada, y los otros cinco pueden esperar hasta mañana porque, pensándolo bien, en realidad no eran urgentes. Yo los volví urgentes porque quería tacharlos de la lista de pendientes.

2. CÓMO MANEJAR EL "DEBO TENERLO TODO BAJO CONTROL".

Muchos de nosotros sentimos que debemos tenerlo todo junto todo el tiempo, pero la verdad es que somos humanos y TODOS cometemos errores, metemos la pata y nos equivocamos. Sentir que tenemos que ser perfectos siempre es una de las formas más rápidas de convertir la presión positiva en presión negativa y entrar en un estado de estrés tóxico, ¡porque de verdad es imposible! Básicamente nos estamos preparando para el fracaso cada vez que empezamos a pensar así.

Cuando te descubras cayendo en este patrón de pensamiento, lo más importante que puedes hacer es detenerte y recordarte que nadie lo tiene todo junto. Trabaja en no comparar tu vida con lo que crees que otros están haciendo, porque solo ves lo que ellos quieren que veas. Ellos tampoco son perfectos y probablemente están luchando tanto como tú.

Además, tu manera de pensar y actuar, y tus experiencias, te hacen completamente y absolutamente único(a), lo que significa que caer en la trampa de la comparación solo terminará haciéndote daño. Nunca podrás ser nadie más que tú, y eres increíble, incluso si no eres perfecto(a) todo el tiempo.

Para practicar esta forma de pensar puedes usar una tabla similar a la anterior: anota un ejercicio para calmarte (el *mindhack*), lo que estás pensando cuando sientes que debes tenerlo todo bajo control, cómo esto te está afectando mental y físicamente, y cómo vas a cambiar tu manera de pensar sobre esto para crear un tipo de presión buena que te ayude en lugar de perjudicarte (el *mindshift*).

Como mencioné, esto es opcional pero muy útil si quieres practicar el cambio de perspectiva y convertir esta nueva manera de ver las cosas en un hábito. Te recomiendo usar esta tabla si has notado que este es un tema en tu vida. Intenta hacerlo a diario durante una a tres semanas.

Abajo tienes solo un ejemplo de cómo puede verse. También puedes escribirlo de otra forma que te funcione o descargar esta tabla en inglés con espacios para completarla usando el código QR al final del capítulo.

"DEBO TENERLO TODO BAJO CONTROL".	
Mindhack	Practica la respiración en caja (*box breathing*): inhala durante 4 segundos, aguanta la respiración durante 4 segundos, exhala durante 4 segundos, inhala durante 4 segundos. Repite esto tantas veces como sea necesario.
¿Qué estoy pensando?	Necesito tenerlo todo bajo control, porque si no lo hago, voy a fallarle a mi equipo/pareja/hijos.
¿Cómo me siento?	Estoy preocupado(a) y ansioso(a) todo el tiempo, y experimento muchas palpitaciones.
Mindshift	¡Nadie lo tiene todo bajo control! Que esa persona en el trabajo o en redes sociales parezca que hace todo y es perfecta no significa nada: solo estoy viendo una parte de la historia, ¡y también es humana!

3. CÓMO MANEJAR EL "DEBO TENER ÉXITO".

Es fácil caer en la trampa de pensar que debemos lograr algo o alcanzar cierta meta para ser valiosos. Cuando te sientas así, recuérdate que tú defines tu propio éxito. Hay algo que tú puedes hacer que nadie más puede.

Cuando te descubras presa de este tipo de pensamientos, practica recordarte esto, especialmente cuando vuelvas a caer en la trampa de la comparación. Una vez más, puedes anotar un ejercicio para calmarte (el *mindhack*), lo que estás pensando cuando sientes que tienes que tenerlo todo bajo control, cómo esto te está afectando mental y físicamente, y cómo vas a cambiar tu forma de pensar sobre esto para crear un tipo de presión buena que te ayude y no te perjudique (el *mindshift*).

Abajo tienes un ejemplo de cómo puede verse. También puedes escribirlo de otra forma que te funcione o descargar esta tabla con espacios para completarla usando el código QR al final del capítulo.

"DEBO TENER ÉXITO".	
Mindhack	Reconoce: 5 cosas que puedes ver a tu alrededor. 4 cosas que puedes tocar a tu alrededor. 3 cosas que puedes oír a tu alrededor. 2 cosas que puedes oler a tu alrededor. 1 cosa que puedes saborear cerca de ti. Ahora, mientras respiras profundamente, cierra los ojos y sumérgete por completo en el momento presente, sintiéndote anclado(a) y centrado(a) en tu entorno.
¿Qué estoy pensando?	Debo tener éxito en esta tarea. ¡Si fracaso, todo saldrá mal!
¿Cómo me siento?	Ansioso(a) y alterado(a). Estoy reaccionando mal con todos porque me siento bajo presión y me preocupa lo que tengo que hacer.
Mindshift	Si no tengo éxito en esta tarea, eso no significa que no valga o que no sea un éxito. Puedo hacer tal cosa, y ya he tenido éxito en el presente y en el pasado. Yo defino mi propio éxito, y esto se ve así…

4. CÓMO MANEJAR EL "NO PUEDO COMETER ERRORES".

Aunque todos cometemos errores, es fácil pensar que no deberíamos equivocarnos y que tenemos que hacer todo bien todo el tiempo. Pero es importante reconocer que nuestros fracasos suelen ser tan importantes como nuestros aciertos, y nos enseñan lecciones de vida clave que nos ayudan a crecer como personas.

Si te descubres aferrándote emocionalmente a los errores que cometiste, fijándote más en lo que hiciste mal que en lo que hiciste bien, y poniéndote ansioso(a) cuando haces un trabajo bueno pero no perfecto, puede que hayas caído en la trampa del perfeccionismo, donde no aceptas tus propias debilidades ni las de nadie más.

Si esto te suena conocido, tómate el tiempo de notar cuándo te pasa y recuérdate que hay una diferencia entre querer lograr ciertas cosas y creer que necesitas hacerlo todo perfecto siempre. Recuérdate que equivocarse y aprender es parte de la vida, y que puedes trabajar duro incluso si haces pausas y estableces límites personales. Y cuando te encuentres pensando en lo que hiciste mal, recuérdate también lo que hiciste bien.

La parte más importante de este proceso es preguntarte qué te enseñó esta experiencia y enfocarte en cómo has crecido y qué has aprendido. En muchos casos tendemos a ver solo dos opciones: el ganador o el perdedor. A menudo no vemos la tercera opción: ¡el aprendiz! Una gran cita que me ayuda cuando me siento así es una adaptación común de palabras de Thomas A. Edison, quien contribuyó a la invención de la bombilla eléctrica y a muchos otros avances tecnológicos a finales del siglo

XIX y principios del XX: "No he fracasado. Solo he encontrado 10 000 maneras que no funcionan".[2]

Si quieres, puedes usar la misma tabla para practicar esto. También puedes escribirlo de otra forma que te funcione o descargar esta tabla con espacios para completarla usando el código QR al final del capítulo.

CÓMO MANEJAR EL "NO PUEDO COMETER ERRORES".	
Mindhack	Visualiza a personas felicitándote por lo que hiciste y por lo que aprendiste, incluso si cometiste un error.
¿Qué estoy pensando?	No puedo arruinar esto; tengo que hacerlo perfecto.
¿Cómo me siento?	Me siento en pánico y no me concentro. Siento el ritmo cardíaco acelerado y las palmas sudorosas.
Mindshift	Ahora sé lo que no funciona; ¡esto es genial! He aprendido algo importante que me ayudará en el futuro.

5. CÓMO MANEJAR EL "VOY A DEFRAUDAR A TODOS".

A veces es fácil sentir que siempre decepcionamos a la gente y que somos un fracaso. Aquí es importante recordarte que todos fallamos a veces, como mencioné arriba, y que tus fracasos te ayudan a crecer como persona. Dar lo mejor de ti es el único camino, incluso cuando las cosas no salen como planeaste, porque aprenderás muchísimo.

A fin de cuentas, la vida es bastante impredecible. No siempre podemos controlarlo todo para asegurarnos de que todo salga bien, porque hay mucho que se escapa de nuestras manos. Es importante recordarlo cuando parece que todo se está desmoronando.

También ayuda mirar atrás y pensar en una etapa de tu vida en la que las cosas no salieron bien, pero aun así lograste superarlo.

Claro, una cosa es decirlo y saber que es verdad, y otra practicarlo. De nuevo, usar nuestra tabla es una manera muy útil de hacerlo. También puedes escribirlo de otra forma que te funcione, o descargar esta tabla con espacios para completarla usando el código QR al final del capítulo.

"VOY A DEFRAUDAR A TODOS".	
Mindhack	Estira los brazos y las piernas mientras inhalas profundamente. Hazlo durante varios minutos. ¡Siente cómo la tensión se va de tu mente y de tu cuerpo!
¿Qué estoy pensando?	Soy la única persona que puede hacer esta tarea y, si no la hago, voy a defraudar a todos.
¿Cómo me siento?	Estoy preocupado(a) y estresado(a). Tengo el estómago hecho nudos y un dolor de cabeza terrible.
Mindshift	Nada es seguro; la vida es impredecible. Recuerdo cuando planeé tal cosa, pero las cosas salieron muy distintas. No fue el fin del mundo: la gente no me miró diferente ni me juzgó con dureza.

6. CÓMO MANEJAR EL "ESTOY AGOTADO TODO EL TIEMPO".

A menudo tomas demasiado sobre tus hombros y te exiges tanto que enseguida te encuentras estresado, abrumado y agotado. Sí, la idea de unas vacaciones o un descanso suena genial, pero a menudo te sientes culpable por tomarte siquiera un día libre. En muchos casos caemos en un "callejón sin salida" (¡lo que en inglés llamamos *catch-22*!): hay tanto por hacer que apenas puedes con todo porque estás exhausto y al límite. Esta es una de las formas más rápidas de convertir la presión positiva en presión negativa y entrar en un estado de estrés tóxico.

Darle un descanso a tu cerebro es esencial para tu productividad, tu eficiencia y tu capacidad de pensar creativamente. Te ayuda a funcionar bien bajo presión y forma parte de esa energía de "hacer que las cosas sucedan" que todos necesitamos aprovechar en ciertos momentos de la vida. Por eso es tan importante aprender cuándo decir que no y cuándo pausar; de lo contrario, aumentas el riesgo de *burnout* y de problemas crónicos de salud.

Recuerda: tu mente no consciente no se detiene. Sin embargo, la mente consciente y el cerebro sí se cansan porque trabajan con energía. Es como cuando tienes un montón de *apps* abiertas en el teléfono, el brillo al máximo y lo usas sin parar: muy pronto la batería se muere. Y, así como necesitas recargar el teléfono, también necesitas recargar tu cerebro y tu mente consciente.

Lo mejor es hacerlo de forma regular, incorporando periodos de descanso en tu rutina diaria para mantener el cerebro con carga durante todo el día. Esto también te ayudará a saber mejor cuándo desconectar al final de la jornada. Si pasas demasiado tiempo sin descansar, puedes creer que estás bien, pero al día siguiente no te sentirás tan recuperado como deberías, y puede que notes que tu creatividad o tu claridad mental están "fuera de punto" porque no te recargaste de forma regular el día anterior y llevaste tu mente consciente y tu cerebro al límite. Rápidamente puedes entrar en un modo de vida en el que estás tan enfocado en lo que "hay que hacer" que te olvidas de disfrutar, lo cual puede impactar seriamente tu bienestar.

De hecho, cuando te impones mucha presión negativa para rendir de cierta manera o cumplir con ciertos estándares, es fácil sentirte en guardia todo el tiempo, como esperando que ocurra lo peor o a punto de cometer un error, repitiendo el círculo vicioso de la presión negativa y el estrés tóxico.

Si esto te suena conocido, haz un chequeo de estilo de vida y pregúntate:

- ¿Tomo suficientes pausas para recargarme?
- ¿Le doy a mi cerebro y cuerpo tiempo para descansar y reiniciarse?
- ¿Estoy teniendo suficiente diversión?
- ¿Dedico tiempo a cuidar mi salud mental y física, o solo me enfoco en lo que "tengo que hacer"?

Mira qué puedes cambiar en tu vida para darte el tiempo que necesitas para descansar. Mira algo gracioso, pasa tiempo con alguien a quien quieres o haz algo que te saque una sonrisa. Incluso puedes agendarlo en tu día para no olvidar darte ese tiempo para disfrutar la vida. Date permiso para bajar el ritmo, descansar y fallar. ¡Recuerda que eres humano, no un robot!

Puedes usar la siguiente tabla de "ayuda rápida" para practicar esto en tu vida. También puedes escribirlo de otra forma que te funcione o descargar esta tabla con espacios para completarla usando el código QR al final del capítulo.

"ESTOY AGOTADO TODO EL TIEMPO".	
Mindhack	Piensa en tres cosas de tu día que suelen pasar desapercibidas o no son valoradas. Pueden ser objetos, personas o momentos... como tú elijas. El objetivo de este ejercicio es simplemente dar gracias por las cosas aparentemente insignificantes de la vida. Es bueno pausar y simplemente estar en el momento, apreciando lo que sí tenemos en lugar de enfocarnos solo en lo que "tenemos que hacer".
¿Qué estoy pensando?	¡Siempre estoy cansado! ¿Qué me pasa? ¿Por qué la vida se siente demasiado?
¿Cómo me siento?	Me cuesta dormir, y me siento culpable y con náuseas cada vez que pienso en descansar, pero luego recuerdo cuánto me falta por hacer.
Mindshift	Necesito agendar más pausas y diversión en mi vida para sentirme más descansado y poder hacer realmente lo que tengo que hacer. Lo haré leyendo más novelas, tomando café con amigos y dando más paseos en la naturaleza (o lo que yo considere reparador).

7. CÓMO MANEJAR EL "NUNCA LLEGARÉ A NADA".

Tómate el tiempo de observar y analizar tu diálogo interno. ¿Sientes que constantemente te menosprecias por no cumplir tus propias expectativas?

Por supuesto, las expectativas son una parte normal de la vida. Esperamos ciertas cosas de nosotros y de los demás, y también tenemos que lidiar con las expectativas de otros en nuestra vida, ya sea en la escuela, en casa o en el trabajo. Sin embargo, con demasiada frecuencia esas expectativas se vuelven tan pesadas que conducen a ansiedad, ataques de pánico, *burnout* y fatiga mental, sobre todo cuando vienen de muy adentro. ¡Es increíble lo fácil que es convertirnos en nuestro peor crítico!

La necesidad de rendir a cierto nivel frente a otros puede venir de varios factores, como la presión percibida de mantener un estándar ya alcanzado (notas altas, por ejemplo) o el deseo de no decepcionar a alguien a quien admiramos o queremos. Atletas, conferencistas, CEOs, artistas escénicos, gerentes, chefs, estudiantes, niños, madres y padres... todos experimentamos la necesidad de actuar de ciertas maneras, lo que a menudo nos deja ansiosos por nuestro propio valor si fallamos o cometemos un error.

Una de las principales razones por las que podemos experimentar ansiedad de desempeño autoimpuesta es que basamos nuestra identidad en un rol que desempeñamos. Por ejemplo, muchos atletas definen su identidad por su capacidad de ejecutar una acción específica en el campo: cada vez que practican su deporte, su identidad queda en un estado de incertidumbre, lo que puede volverlos inseguros y ansiosos respecto de quiénes son y de su valor, especialmente si no ganan. Y, aun así, hay una variedad de factores en una victoria, y a veces simplemente tenemos malos días, algo que suele estar fuera de nuestro control.

En muchos casos, cuando tenemos ciertas metas o estándares que no podemos cumplir (propios o ajenos), podemos sentirnos como un fraude, aunque nadie puede rendir perfecto todo el tiempo. Nos enfocamos tanto en la meta que nos olvidamos de disfrutar el proceso, lo que dificulta cambiar o ajustar nuestras expectativas.

De hecho, cuando dejamos de cumplir una y otra vez con nuestros altos estándares autoimpuestos, podemos sentirnos fracasos completos y que nunca hacemos nada importante o digno de nota. En consecuencia, quizás terminemos esperando menos de nosotros y sintiendo que deberíamos rendirnos antes de siquiera intentar.

Si esto te suena conocido, tómate el tiempo de analizar tus autoexpectativas. ¿Te estás imponiendo una presión indebida para rendir a cierto estándar? ¿Por qué? Observa conscientemente y anota tu autocrítica y con qué frecuencia aparece. ¿Qué impulsa tu deseo de rendir de cierta manera? ¿Es algo que tú quieres para ti, o es una meta que crees que "deberías" alcanzar porque otros lo han dicho o han definido el éxito así?

Luego, trabaja en crear afirmaciones reconceptualizadas para contrarrestar este modo de pensar y cambiar la forma en que te hablas. Por ejemplo, cambia "ojalá fuera tan bueno como ..." por "nunca podré vivir según el ejemplo de éxito de otra persona porque soy único(a) y yo defino mi propio éxito".

Esto llevará tiempo hasta convertirse en hábito, así que asegúrate de practicarlo cada día. La tabla de "ayuda rápida" que encuentras abajo es una gran manera de hacerlo. También puedes escribirlo de otra forma que te funcione o descargar esta tabla con espacios para completarla usando el código QR al final del capítulo.

"NUNCA LLEGARÉ A NADA".	
Mindhack	Escucha durante unos minutos tu música favorita que sabes que te hace sentir bien. Las melodías alegres pueden levantarte el ánimo y ayudarte a sentirte mejor contigo.
¿Qué estoy pensando?	Nunca llegaré a nada.
¿Cómo me siento?	Estoy tan enojado(a) conmigo que me siento mal. Me altero tanto que apenas puedo hacer lo que necesito. Estoy tan agotado(a) que solo quiero "hacerme bolita" y esconderme para siempre. Todo se siente sin esperanza.
Mindshift	Voy a observar conscientemente y deliberadamente mi diálogo interno crítico y anotarlo. Luego pensaré en lo que se me da bien y en lo que he logrado. Lo escribiré para recordarme lo que puedo hacer y que yo defino mi propio éxito. ¡No tengo que ser bueno(a) en todo! Soy suficiente tal como soy.

IDENTIFICAR Y DAR SEGUIMIENTO A LAS PRESIONES QUE MÁS TE AFECTAN

Es muy buena idea averiguar cuáles de estas siete presiones, o qué combinación de ellas, están ejerciendo más presión sobre ti y alterando tu salud mental. Para ayudarte, a continuación encontrarás un proceso sencillo a seguir y una tabla que puedes completar cuando lo necesites para organizar tu pensamiento. También puedes escribirlo de otra forma que te funcione o descargar esta tabla con espacios para completarla usando el código QR al final del capítulo.

El proceso de seguimiento:

1. Obsérvate durante la próxima semana para detectar tus señales de "olla a presión".
2. Anota en la tabla de abajo cada vez que una de estas presiones te afecte, qué dijiste/pensaste exactamente para ponerte bajo presión y cómo te hizo sentir.
3. Toma nota de con qué frecuencia aparece en tu vida y qué la desencadenó: quién, qué, cuándo, dónde y por qué.
4. Tras aproximadamente una semana de observar tus pensamientos, palabras y conducta, toma cada señal que observaste y trabaja en ella usando los consejos y las tablas de "ayuda rápida" de arriba. Si estás lidiando con más de una, empieza por la que más te esté molestando.

SEGUIMIENTO DE TUS SEÑALES DE "OLLA A PRESIÓN"

Las 7 señales de "olla a presión"	Lo que dije/pensé	Disparador (quién, qué, cuándo, dónde, por qué, y con qué frecuencia)
No terminé tal cosa.		
Debo tenerlo todo bajo control.		

Las 7 señales de "olla a presión"	**Lo que dije/pensé**	**Disparador (quién, qué, cuándo, dónde, por qué, y con qué frecuencia)**
Debo tener éxito.		
No puedo cometer errores.		
Voy a defraudar a todos.		
Estoy agotado todo el tiempo.		
Nunca llegaré a nada.		

Para descargar las tablas de este capítulo, visita helpinahurrybook.com/resources.

4

¡AYUDA, MI CEREBRO NO SE CALLA!

¿Te descubres sobreanalizando cada situación? ¿Sobrepensando cada conversación? ¿Enojándote más y más cuanto más le das vueltas a una experiencia o interacción social? ¿Reproduces escenarios en tu cabeza una y otra vez? ¿A veces desearías que tu cerebro simplemente se callara?

Creo que todos podemos identificarnos con esto en algún nivel. Es normal pensar en posibles resultados y escenarios y hacerte preguntas sobre una experiencia pasada o incluso sobre algo que estás atravesando ahora mismo. Aquí es importante diferenciar entre sobrepensar y pensar en profundidad. Pensar en profundidad es analizar información con el propósito de aprender y avanzar, de construir el cerebro, de llegar a soluciones y de comprender conceptos difíciles.

A veces, esto significa que tendremos que pensar a fondo sobre un asunto que estamos enfrentando para poder superarlo; pero esto es distinto a preocuparte por el problema. Pensar en profundidad se parece a lo que me gusta llamar una "autopsia mental": reflexionas y analizas tus pensamientos y sentimientos, asumiendo el papel de detective para identificar patrones, disparadores y activadores, de modo que puedas cambiarlos. Es un proceso deliberado, controlado, intencional, sistemático y racional. Por ejemplo, si alguien dice algo hiriente de ti en un arrebato de ira, pensar en profundidad implica no reaccionar solo desde la emoción: aunque lo que dijo duela, piensas qué se dijo, por qué pudo haberlo dicho y cómo responder mejor sin escalar la situación. Tus pensamientos y acciones no están dirigidos por la emoción, ni son caóticos, ilógicos, basados en suposiciones o teñidos por un sentido de victimización.

Pensar en profundidad busca una solución y un cierre; en cambio, el sobrepensamiento es caótico, sin solución ni final a la vista. Volviendo al ejemplo, sobrepensar sería tomar lo que esa persona dijo con enojo y lo dejas macerar en tu mente, dándole vueltas, dejando que tus emociones dominen tu lógica y permitiendo que lo que esa persona dijo se convierta en parte de ti y defina quién eres.

Aunque suene sencillo, es muy fácil caer en la trampa del sobrepensamiento, donde seguimos preguntándonos "¿y si...?", y rumiamos sobre lo que debió pasar, lo que pudo pasar o lo que pasará, aun sabiendo que no podemos cambiar el pasado ni controlar cómo eligen reaccionar los demás. Un estudio de la Universidad de Míchigan muestra que el 73 % de los adultos entre 25 y 35 años lidian con rumiación negativa, y alrededor del 52 % de quienes tienen entre 45 y 55 también luchan con el sobrepensamiento. Muchos batallamos con esto, yo incluida.[1]

Pero ¿por qué? Cuando sobrepensamos algo, en esencia estamos tratando de procesarlo y entenderlo, especialmente si lo que ocurrió es inusual, hiriente o doloroso. Es como oír un ruido extraño en casa mientras lees en la cama: el sonido está fuera de lugar y, por tanto, altera. Estas experiencias van en contra del sesgo natural hacia el optimismo de nuestra red mente-cerebro-cuerpo, que está diseñada para anticipar y esperar lo mejor y ayuda a equilibrar nuestra psiconeurobiología.[2]

Las experiencias negativas resultan bastante chocantes porque nos sacan de equilibrio, y nuestra atención se dirige a restaurarlo. Es como si la mente y el cerebro nos enviaran señales rojas parpadeantes de alerta, diciéndonos que algo pasó y que debemos averiguar qué es antes de que empeore. Hacemos esto pensando más en la situación para recuperar un sentido de equilibrio a través de la comprensión y, con suerte, lograr cierto grado de cierre.

Es fácil que este proceso se salga de control, sin embargo, especialmente si estamos en un estado más emocional y sensible o si, en general, somos más emocionales y sensibles. No es que haya nada malo en estar muy en contacto con nuestros sentimientos, pero también pueden convertirse en una plataforma de lanzamiento hacia la rumiación tóxica si no se gestionan, lo que puede hacernos sentir como si estuviéramos solos frente a un mundo que conspira contra nosotros.

De hecho, cuando se trata de sobrepensar, debemos tener cuidado de no desarrollar una mentalidad de víctima, en la que seguimos rumiando lo que nos pasó y nos quedamos atascados en el pasado sin trabajar realmente en sanar. Sí, la gente nos hiere, nosotros herimos a otros y pasan cosas malas; pero solo sobrepensar una situación no nos conduce al cierre. El cierre requiere trabajo mental deliberado e intencional y tiempo.

Cuando empezamos a sobrepensar una situación en la que tenemos culpa, es muy probable que terminemos justificando o racionalizando nuestra conducta, en lugar de usar la situación para aprender y crecer. Y cuando intentamos dar sentido a algo negativo culpando a otros en vez de mirarnos a nosotros mismos, no encontramos un cierre real. El juego de la culpa es un bucle tóxico interminable que nos obliga a sobrepensar las palabras y acciones ajenas. En cambio, asumir responsabilidad por nuestras elecciones y su impacto nos empuja a actuar y resolver. Por supuesto, aunque esto suene mejor, también duele más. ¿A quién le gusta admitir que se equivocó? A mí no; pero también sé que me siento mucho mejor cuando pido perdón y aprendo de mis errores, aunque al principio resulte bastante incómodo.

En muchos casos, el sobrepensamiento nace de las suposiciones que hacemos sobre la conducta de otra persona con base en señales no verbales (como su lenguaje corporal o el tono), sin buscar aclaración. Cuanto más pensamos en esas suposiciones y en cómo nos hacen sentir, más influirán en nuestras futuras palabras, conductas, actitudes e interacciones sociales. Creamos un ciclo tóxico que nos frena para mejorar nuestras interacciones sociales y que, a menudo, se basa en cómo percibimos algo, no en lo que la otra persona realmente está pensando.

DOS SEÑALES A LAS QUE DEBEMOS PRESTAR ATENCIÓN

Durante periodos prolongados, este tipo de pensamiento acaba creando redes neuronales de ansiedad en la red mente-cerebro-cuerpo, formando un mal hábito que somete nuestra psiconeurobiología a largos periodos de estrés y nos vuelve más vulnerables a problemas de salud. Por eso es tan importante estar atentos y sintonizados con cómo nos sentimos y qué estamos pensando. Puede tener consecuencias muy reales para nuestro bienestar y mantenernos con la sensación de estar atrapados, estresados y abrumados.

En lo que respecta a la rumiación negativa y al sobrepensamiento, hay dos señales principales a las que debemos prestar atención: la incapacidad de concentrarte y las sensaciones de malestar y ansiedad.

LA INCAPACIDAD DE CONCENTRARTE

Cuando notas que tu mente salta de un pensamiento a otro y no puedes concentrarte bien, esto puede ser señal de que estás estresado por sobrepensar.

Por ejemplo, digamos que tienes que lidiar con un familiar difícil y te preocupa lo que esta persona dirá o hará en la próxima reunión. Te angustias por su conducta durante varios días, no logras enfocarte en el trabajo o en casa y sigues saltando de un escenario imaginado a otro.

Pronto, te enfermas del estrés, se te revuelve el estómago cada vez que comes y no puedes conciliar el sueño por la noche porque mil pensamientos negativos te invaden cuando apagas la luz. El sobrepensamiento, en esencia, agota tu capacidad de pensar en profundidad sobre una sola cosa, lo que dificulta examinar y entender la información.

SENTIMIENTOS DE MALESTAR Y ANSIEDAD

El sobrepensamiento puede poner tu cerebro y tu cuerpo en estrés negativo, lo que puede resultar en sentimientos de ansiedad, depresión y miedo, e incluso provocar ataques de pánico. De hecho, rumiar pensamientos negativos es uno de los mayores predictores de mala salud mental y es increíblemente tóxico para el cerebro y el cuerpo; por eso es tan importante tomar conciencia de lo que pensamos, cómo nos sentimos y cómo elegimos reaccionar.

Si esto resuena contigo, recuerda: no estás solo(a). Son patrones de pensamiento comunes en los que todos tendemos a caer a veces y que, por suerte, pueden revertirse y sanarse. Aquí tienes algunos consejos de "ayuda rápida" que puedes usar en el momento para ayudarte a detectar cuando caes en la trampa del sobrepensamiento, gestionar tu pensamiento y reducir tus niveles de estrés.

1. PRACTICA EL PENSAMIENTO PROFUNDO

Cuando pensamos en profundidad, construimos el cerebro de forma saludable, aumentando nuestra resiliencia cognitiva y flexibilidad mental, lo que mejora cómo afrontamos situaciones difíciles. Implica un proceso deliberado e intencional de preguntar, responder y dialogar con la información para obtener significado, desarrollar comprensión y trazar pasos de acción. Esto ayuda al cerebro a desarrollarse y crecer sanamente, aprovechando la neurogénesis, es decir, usando las "neuronas bebé" que el cerebro crea a diario, para construir nuevas redes y formar nuevos hábitos.

Una manera sencilla de practicar este tipo de pensamiento es leer. La lectura aprovecha la capacidad del cerebro para generar ideas nuevas e imaginar mundos nuevos, un aspecto del pensamiento profundo que activa la neuroplasticidad al implicar la formación de nuevas conexiones y vías neuronales en la red mente-cerebro-cuerpo.

Leer también puede ayudar a calmar lo suficiente nuestra neurofisiología como para reenfocarnos y reducir las sensaciones de ansiedad que van de la mano con el sobrepensamiento. Piensa en ello como una distracción muy útil en el momento en que sientes que tu cerebro simplemente no se apaga.

La lectura es una forma rápida y eficaz de potenciar la capacidad del cerebro para cambiar y sanar, al ayudar a generar ondas saludables de energía equilibrada en la mente que barren el cerebro y el cuerpo, apoyando los sistemas inmunitario y endocrino y el eje HPA (hipotálamo–hipófisis–adrenal), lo que puede ayudarnos a manejar mejor el estrés y las circunstancias negativas.

El pensamiento profundo que surge al leer también puede dar lugar a cambios en las ondas cerebrales gamma, alfa, beta, delta y theta, asociadas con el aprendizaje, un estado óptimo de relajación con alerta y el puente entre la mente consciente y la no consciente, todo lo cual favorece la calma, la preparación, la creatividad y la meditación, hábitos muy útiles para contrarrestar el sobrepensamiento y la rumiación negativa en el momento.

Para empezar a practicar esto en tu vida, reserva un tiempo y busca un buen libro, de ficción o no ficción, y pon en agenda un periodo específico para leer. Te recomiendo comenzar con treinta minutos a una hora. También puedes leer las noticias, un artículo o lo que te interese. La clave es encontrar algo que te enganche, para no distraerte con facilidad.

2. HAZ PREGUNTAS

Si te descubres sobrepensando una situación o un problema que involucra a otra persona, tómate el tiempo de preguntarle para obtener más claridad antes de asumir. Pregunta qué quiso decir y por qué dijo lo que dijo o hizo lo que hizo. Esto ayudará a evitar los malentendidos —y el sobrepensamiento— que resultan de una mala comunicación.

Pero asegúrate de calmarte antes de responder con enojo o de forma reactiva. Una gran manera de hacerlo es aplicar lo que llamo la regla de los diez segundos. Pausa durante diez segundos para respirar profundo, entrando y saliendo. He encontrado que lo más fácil es inhalar tres segundos y exhalar siete. Puedes repetirlo tantas veces como sea necesario; esto ayudará a calmar tu mente y tu cerebro, mejorar tu toma de decisiones y reducir la impulsividad. Una vez que te sientas más en control, podrás responder a la situación en lugar de dejarte caer en una espiral de sobrepensamiento basada solo en conjeturas.

3. AGENDA UN TIEMPO PARA PREOCUPARTE Y LUEGO ACTÚA

Puede sonar raro, pero agendar un tiempo para preocuparte o pensar en algo y luego trazar un plan de acción puede ser increíblemente útil. Limitar el tiempo que dedicas a pensar en el problema con un temporizador o cronómetro puede ayudarte a evitar rumiar sin fin y terminar en agotamiento emocional, fatiga mental y mayor ansiedad, mientras que contar con un plan de acción para lo que harás cuando termine ese tiempo te ayudará a sentir que estás logrando cierto cierre. El plan de acción puede incluir perdonar a la persona, establecer un límite nuevo para mejorar la relación, o pedir perdón y buscar una forma de reparar que demuestre que hablas en serio, según la situación en la que te encuentres. Y no necesitas hacerlo por mucho tiempo; literalmente un par de minutos, cuando haga falta, es suficiente.

4. PIENSA QUÉ PUEDES APRENDER DE LA SITUACIÓN

En lugar de solo preocuparte por una situación concreta, piensa qué puedes aprender de ella. Tómate unos minutos para considerar lo ocurrido: pregúntate por qué pasó como pasó, háblalo en voz alta contigo mismo(a) o con alguien querido y piensa cómo puedes mejorar la situación para obtener el resultado que deseas.

¿Cómo se ve el cierre para ti? ¿Cómo quieres que se desarrolle esta situación? Hazte muchas preguntas deliberadas para dirigir tu pensamiento, en lugar de dejar que la mente se te adelante. Este autocuestionamiento objetivo ayuda a restaurar el sentido de autonomía sobre la situación y además interrumpe que la red mente-cerebro-cuerpo se asiente en un hábito negativo.

5. FINGE QUE ACONSEJAS A UN AMIGO O SER QUERIDO

Imagina que tu amigo o un ser querido está pasando por lo mismo que tú y viene a pedirte ayuda. Esto te ayudará a objetivar el problema, casi como si estuvieras fuera de ti mirando hacia dentro, lo que a su vez te ayudará a calmar la reacción de sobrepensamiento que estás experimentando y a idear una forma de avanzar.

Para practicarlo, hazte estas tres preguntas y respóndelas con unas cuantas frases sencillas, de la manera más clínica y objetiva posible, como si estuvieras guiando a tu ser querido a través de este problema.

1. *¿Qué estás pensando ahora mismo y por qué?*

   Ejemplo: la última vez que hablé con esta persona compartí demasiado, así que probablemente no quiere saber nada de mí. Va a contarle a todo el mundo cosas sobre mí, y los demás pensarán que hay algo malo en mí.

2. *¿Cómo te hace sentir esto?*

   Ejemplo: siento náuseas y tengo un dolor de cabeza terrible. No me puedo concentrar; me siento muy triste y sin esperanza. No puedo dejar de pensar en lo que pasó y por qué.

3. *¿Qué puedes hacer para salir de este espiral de sobrepensamiento y avanzar?*

   Ejemplo: puede que a esta persona no le caiga bien, o quizás estoy haciendo una suposición falsa. No sé lo que está pensando, y mis miedos se basan en cómo me percibo a mí, no en lo que ella dijo. Puedo hablar con esta persona cuando me haya calmado, pero también reconozco que para sanar necesito trabajar en cómo me veo y cómo me hablo, o siempre asumiré que la gente habla de mí o que soy abrumador(a).

Aquí tienes una tabla sencilla que puedes usar para trabajar estas tres preguntas; también puedes escribirlo de otra manera que te funcione o descargarla usando el código QR al final del capítulo.

TRES PREGUNTAS PARA FRENAR EL SOBREPENSAMIENTO	
Pregunta	**Respuesta**
1. ¿Qué estás pensando ahora mismo?	
2. ¿Cómo te hace sentir esto?	
3. ¿Qué puedes decir/pensar para salir de este espiral de sobrepensamiento y avanzar?	

Y, por último, aquí tienes una lista de frases para ayudarte con la parte de "seguir adelante" de este ejercicio, que es el paso más difícil.

PARA SEGUIR ADELANTE	
Tipo de sobrepensamiento	**¿Qué puedes decir/pensar para salir de este espiral de sobrepensamiento y avanzar?**
Te descubres yéndote por el camino de «Esto va a pasar».	La probabilidad de que eso realmente ocurra es muy baja. ¿Para qué gastar energía preocupándome por el "¿y si…?", cuando puedo usar esa energía para aprender lo que pueda, seguir adelante y enfocarme en hacer que mi próximo momento sea mi mejor momento?
Sientes que sigues intentando y fracasando, así que, ¿para qué?	Cada vez que intentas, aprendes algo nuevo y expandes tu inteligencia y tu resiliencia. Cada vez que fallas, aprendes qué no hacer la próxima vez. Entonces, ¿qué aprendiste esta vez?
Hay tantas opciones… ¿qué hago?	Cuenta tus opciones. Ahora redúcelas a tus tres principales, luego a las dos principales y, por último, ejecuta la que quede.
Esta persona va a hacer esto o decir aquello.	No sabes qué está pensando ni qué hará, así que no desperdicies tu energía mental por ese camino. Mejor, enfócate en lo que tus suposiciones te dicen sobre ti y en lo que necesitas trabajar, y hazte el tiempo para preguntar a esa persona qué quiso decir o qué piensa, en lugar de asumir que ya lo sabes.
Desearías volver atrás y rehacer el pasado.	No puedes cambiar ni deshacer el pasado. Solo puedes cambiar cómo lo ves y cómo respondes. Entonces, ¿qué vas a hacer?

Tipo de sobrepensamiento	¿Qué puedes decir/pensar para salir de este espiral de sobrepensamiento y avanzar?
Sientes que no entiendes lo que pasó y te ahogas en todos los detalles de la experiencia.	Mira el panorama general. ¿Qué diría otra persona sobre esta situación? ¿Puedes trabajar en aceptar lo inaceptable? ¿Cómo afectarán los asuntos que flotan en tu mente mañana, en seis meses, en un año o en cinco años?
Sientes que necesitas un descanso de tu propia cabeza.	La forma más rápida de salir de tu cabeza es hacer algo bueno por otra persona. Entonces, ¿qué vas a hacer? ¿Cómo puedes ayudar a alguien en tu vida? ¿Cómo puedes mejorar el día de otra persona?
Sientes que siempre echas a perder todo.	Escribe tres a cinco cosas que lograste en el último día o dos, o piensa en algo que has conseguido y de lo cual te sientas orgulloso(a). ¿De verdad sientes que siempre haces lo incorrecto? ¿Te das permiso para equivocarte? ¡Después de todo, eres humano!
Sientes que a nadie le caes bien.	¿Por qué te sientes así? ¿Puedes ver lo que se dijo o hizo desde otra perspectiva? ¿Quizás tú hiciste algo mal? Cometer un error no te convierte en mala persona. ¿Te sientes así cuando te equivocas?

Tipo de sobrepensamiento	¿Qué puedes decir/pensar para salir de este espiral de sobrepensamiento y avanzar?
No puedes dejar de pensar en lo que pasó.	Elige dedicar un tiempo específico (p. ej., cinco a diez minutos) a pensar en lo ocurrido y, después, elige perdonar, pedir perdón o lo que sea apropiado para tu situación. Si pasas demasiado tiempo rumiando el problema, te enredarás en las emociones del patrón tóxico, lo que puede llevar a agotamiento emocional, fatiga mental y más ansiedad. Es mejor dedicar un tiempo limitado a definir el problema y enfocarte más en qué puedes hacer para mejorar la situación. Entonces, ¿cuál es tu plan de acción?

Para descargar las tablas de este capítulo, visita helpinahurrybook.com/resources.

5

¡AYUDA, QUIERO GOLPEAR A ALGUIEN!

Seamos honestos: la gente puede ser irritante. De hecho, las cosas pueden volverse tan tóxicas que una cabaña desierta en medio de la nada puede sonar bastante atractiva, especialmente si acabas de darle un puñetazo en la cara a esa persona.

Por desgracia, recurrir a la violencia no es bueno para nuestra salud mental ni para nuestras relaciones, y no podemos simplemente huir de todo el que nos fastidia. Cada día podemos enfrentarnos a una interacción social negativa, ya sea por correo electrónico, mensaje de texto, conversación, reunión, encuentro o algo parecido. Necesitamos aprender a lidiar con estas situaciones, no a huir de ellas (ni a soltarle un puñetazo a nadie en la cara).

Sí, la gente tóxica puede alterarnos y desordenar nuestras emociones y nuestra salud mental. Precisamente por eso, cuanto antes aprendamos a gestionar nuestras reacciones ante la forma en que otros nos tratan, mejor nos irá (tanto mental como físicamente).

Esto no es necesario solo con la gente que no nos cae bien o con la que no nos llevamos. Incluso amigos y familia pueden, conscientemente o no, crear entornos estresantes. Una vez leí una cita en internet que se me quedó grabada:

> "Seguirás sufriendo si tienes una reacción emocional a todo lo que te dicen. El verdadero poder es observar las cosas con lógica. El verdadero poder es la contención. Si las palabras te controlan, significa que cualquiera puede controlarte. Respira y deja que las cosas pasen".[1]

Aunque no puedo decir de dónde salió originalmente esta cita, me ha ayudado tanto que quería compartirla contigo y, además, darte algunos consejos de ayuda rápida que a mí y a otros nos han ayudado a aprender a manejar a la gente tóxica en el momento en que las cosas parecen salirse de control.

Lo clave que hay que recordar es que no puedes controlar lo que otra persona elige pensar, decir o hacer, pero sí puedes controlar cómo reaccionas tú. Si eliges dar poder a la gente sobre ti rumiando continuamente lo que dijeron o hicieron y reaccionando ante ellos, seguirás sufriendo, afectando negativamente tu mente, tu cerebro, tu cuerpo y tu salud mental, y amplificando los efectos tóxicos que esa persona tiene sobre ti.

Esto ocurre especialmente si has desarrollado un patrón de sobrerreaccionar ante esa persona: puedes quedar atrapado en un ciclo de reacción tóxica que afectará aún más la calidad de tu vida mental. Si esto te suena conocido, conviene detenerte de vez en cuando y preguntarte: ¿en qué tipo de persona me estoy convirtiendo? ¿Quieres seguir sufriendo así? ¿Estás desarrollando una mentalidad de víctima? ¿Sientes que siempre eres tú contra el mundo?

En muchos casos, cuando se trata de lidiar con personas tóxicas, el verdadero poder es la contención. Es clave para ayudarnos a manejar situaciones tóxicas, porque cuando no desarrollamos el autocontrol y la autorregulación podemos hacernos la vida bastante miserable.

Esto empieza con nuestra vida de pensamiento. Es importante recordar que nunca puedes conocer de verdad los pensamientos o motivaciones de otra persona, incluso si la conoces bien, y que las suposiciones son, en gran medida, el origen de muchas metidas de pata.

Al final del día, nunca sabremos con certeza qué motiva las palabras o acciones de alguien. Podemos intuir hasta cierto punto, pero no pasaremos de un 70 % de acierto; así que conviene detenernos antes de bajar por ese camino peligroso. Las suposiciones suelen ser tóxicas: podemos terminar gastando mucha energía mental en cosas que no contribuyen a nuestra calidad de vida ni a nuestro éxito.

La contención también significa tomarte el tiempo de dar un paso atrás y observar una situación lógicamente. Implica recordarte que, en muchas situaciones sociales, tú tienes control: no estás bajo el poder de alguien a menos que se lo permitas. Siempre hay excepciones, incluidos casos extremos de abuso (que quedan fuera del alcance de este libro), pero en la interacción social promedio sí tienes poder sobre cómo eliges responder a la otra persona.

La realidad es que si dejas que tus emociones tóxicas hacia alguien crezcan sin control (pensando en esa persona una y otra vez, rumiando cómo te ha herido, lo que ha hecho y lo que hará), te vas a sentir peor. El caos neuroquímico resultante puede volverte más vulnerable a problemas de salud mental y física. ¿De verdad quieres dar a otros tanto poder sobre tu vida? Recuerda: si las palabras te controlan, cualquiera puede controlarte. Darle un puñetazo a alguien, en sentido figurado o literal, puede sentirse bien en el momento, pero puede tener consecuencias serias en tu vida. Ganancia a corto plazo, dolor a largo plazo, como dice el refrán.

Por eso es tan importante controlar cómo reaccionamos y respondemos a la gente, no solo por el bien de nuestras relaciones, sino también por nuestra salud mental. No debemos dejar que otros nos pasen por encima, pero tampoco permitir que nuestras emociones nos pasen por encima. Es posible ser firmes y defendernos, evitar desastres relacionales y, a la vez, cuidar nuestro bienestar.

Esto no significa que tengamos que estar de acuerdo en todo. Se trata, más bien, de abrazar el viejo adagio: a veces está bien estar de acuerdo en no estar de acuerdo, y a veces simplemente no lo sabemos todo.

Si todo el tiempo caes presa de lo que otros hacen o dicen, sé honesto contigo: ¿estás dejando que tus emociones y otras personas te controlen? ¿Quieres que tu vida sea así? Si no, necesitas trabajar en cómo te sientes y reaccionas en el momento y, con el tiempo y la práctica, esto puede hacerse un hábito. Aquí tienes varios consejos de ayuda rápida para ayudarte cuando de verdad te dan ganas de abofetear a esa persona en la cara.

1. PRACTICA LA RESPIRACIÓN PROFUNDA

Puede sonar simple o inútil, pero muchos de nosotros no pensamos realmente en nuestra respiración ni en lo poderosa que puede ser como herramienta para la salud mental. Inspirar y exhalar profundo puede ayudarnos a aprender a controlar los niveles de cortisol y adrenalina que, si no se regulan, pueden causar estragos cuando inundan el cerebro y el cuerpo. También ayuda a calmar el eje HPA (hipotálamo–hipófisis–adrenal), lo que nos hace sentir menos reactivos y más en control en el momento.

El oxígeno también transporta información.[2] Cuando respiramos muy profundo y lentamente, estamos absorbiendo grandes volúmenes de "información" que le dice a nuestro cerebro y a nuestro cuerpo que todo está bien, y esto reduce la activación fisiológica. A su vez, esto ayuda a aclarar el pensamiento y despejar la mente.

Por ejemplo, digamos que un colega te acaba de enviar un correo desagradable. En lugar de responder de forma reactiva, detente y respira muy profundo, entrando y saliendo. Esto disipará el exceso de cortisol y ayudará a aclarar tu mente y estabilizar tus emociones, dándole a esa persona menos control sobre ti en el momento y protegiendo tu bienestar.

Algunas formas excelentes de practicar la respiración profunda son:

- Respiración en caja (*box breathing*): inhala por la nariz cuatro segundos, mantén cuatro, exhala por la boca cuatro, y vuelve a mantener cuatro. Repite las veces necesarias. Enfócate en cómo se siente el aire al entrar y salir o en cómo este tipo de respiración está calmando tu mente y tu cerebro. Incluso puedes visualizar cómo crees que se ve esto en tu cerebro y apoyarlo con una frase como: "Puedo darme un momento antes de responder".

- Respiración con pausa de diez segundos: inhala alrededor de tres tiempos y exhala alrededor de siete. Si quieres, pon la mano en el abdomen y siente cómo sube al inhalar; al exhalar, puedes soltar el aire con un pequeño "whoosh", lo que empuja oxígeno hacia la parte frontal del cerebro. Repite seis a nueve veces (de sesenta a noventa segundos), o durante el tiempo que puedas manejar.
- Usa la nariz: con una ligera presión del dedo para bloquear una fosa nasal, inhala por un lado de la nariz y exhala por el otro; esto también puede ayudarte a descomprimirte.

2. VISUALIZA, VISUALIZA, VISUALIZA

Aquí tienes tres excelentes ejercicios de visualización que puedes hacer rápidamente junto con, o en lugar de, la respiración profunda. Literalmente toma unos segundos hacerlos. Puedes hacer uno, dos o los tres, lo que necesites en el momento. Estos ejercicios te darán un alivio temporal y ayudarán a calmar la frecuencia cardiaca y los niveles de cortisol para que puedas responder mejor ante una persona negativa.

- Una caja en el mar: mientras escuchas a la persona que te dispara, visualiza que la metes en una caja, cierras la tapa y la arrojas mar adentro. Mírala alejarse flotando hasta un lugar donde no pueda molestarte.
- Achicar personas: mientras miras a la persona que te afecta, imagina que se encoge hasta volverse una versión diminuta, diminuta… tan pequeña que ya no la ves ni escuchas lo que dice.
- Llevar armadura: visualízate con una armadura. Obsérvala con el ojo de tu mente protegiéndote de las "flechas" que la

otra persona te lanza. Esta armadura es tan fuerte que todas esas "punzadas" rebotan y salen volando. Al hacerlo, generarás energía positiva en tu mente y tu cerebro, que actúa como un escudo que te ayuda a separar tus propias emociones de la situación y le da a tu mente un respiro del estrés. También es una gran manera de recordarte que eres fuerte y protegido de los efectos negativos de las palabras y acciones de esa persona, para no reaccionar impulsivamente.

3. RECONOCE Y NOMBRA TU REACCIÓN

¡No ignores cómo te sientes! Reconócelo, valídalo, y luego trabaja en seguir adelante en lugar de dejar que tus emociones tomen el control. Por ejemplo, con el caso del correo electrónico que mencioné al inicio del capítulo, di en voz alta cómo te sientes: "Me siento herido, atacado, a la defensiva...", y pregúntate por qué.

Escribir lo que piensas y sientes puede ayudarte a gestionarlo mejor. El simple acto de ponerlo en papel o en tu teléfono/dispositivo crea distancia respecto de lo que sientes, permitiéndote calmarte en vez de responder de forma reactiva. Lo estás sacando, no guardándolo.

¡Pero no lo hagas por mucho tiempo, solo unos momentos! No quieres rumiar tus emociones. El objetivo de este ejercicio es nombrar y describir tus reacciones. Escribir aporta fluidez y claridad al pensamiento y reduce el efecto abrumador de la energía negativa generada por personas tóxicas.

4. DIALOGA CONTIGO Y ELABORA UN PLAN DE ACCIÓN

Este consejo funciona muy bien junto con los anteriores o por sí solo. También puedes tener esta conversación con un profesional de la salud mental o con un ser querido si sientes que necesitas ayuda o perspectiva adicional.

De forma intencional y deliberada, separa tus emociones de la lógica de la situación. Visualiza un árbol oscuro formado por todas tus reacciones. Imagina que arrancas las emociones de ese árbol, como si estuvieras quitando todas las hojas. Ahora puedes ver las ramas bien definidas con toda la información de la situación colgando del árbol de manera clara y clínica, lo que te dará pistas sobre qué hacer a continuación. En esencia, estás imaginando quitar la amenaza de las emociones turbulentas del "árbol" de tu pensamiento.

Ahora, enfócate en el contenido y en las palabras de ese árbol, lo que te ayudará a ver el problema por lo que es. Tratar de ver las cosas a través de un velo emocional es como conducir en medio de una tormenta sin limpiaparabrisas: no siempre ves bien y puedes terminar en serios problemas.

Cuando te separas mentalmente de la reacción emocional inmediata, a menudo puedes ver las cosas con más claridad y elaborar un plan de acción. Por ejemplo, al notar que quien envió ese correo está frustrado por tal cosa, puedes ponerte en sus zapatos y elegir ver si hay algo que puedas aprender de la situación para mejorar tu comunicación con esa persona, en lugar de dejar que tus emociones te dominen en el momento. Al hacerlo, puedes transformar una situación potencialmente explosiva en una experiencia de aprendizaje productiva.

Necesitamos validar cómo nos sentimos, sí, pero no podemos enfocarnos solo en el sentimiento; es solo una parte del panorama general. Cuando hemos creado distancia entre lo que pasó y lo que sentimos al respecto, podemos trabajar en un plan de acción: encontrar soluciones concretas para avanzar y usar la situación para aprender y crecer.

A continuación, dos ejemplos de cómo podría verse esto:

MI PLAN DE ACCIÓN	
DECLARACIÓN/SITUACIÓN TÓXICA QUE ME ALTERÓ	
Tuve una conversación con alguien que me culpa por haber dicho algo que los dejó mal parados.	Recibí un correo electrónico tóxico de alguien del trabajo.
¿CÓMO ME SIENTO AL RESPECTO?	
Me siento frustrado y herido, porque no tuve que decir nada a nadie; sus propias acciones hablaron por ellos.	Me siento conmocionado y desconcertado. No esperaba este correo ni la forma en que esta persona me está atacando.
RESPONDER Y DIALOGAR CONMIGO	
Yo sé la verdad. También creo que entiendo por qué esta persona dice esto: está luchando. Sin embargo, necesito hablar con alguien sobre cómo manejarlo porque está pasando tan a menudo que me siento emocionalmente abusado. Quizás haya una mejor manera de manejarlo en el futuro, y hablar con alguien de confianza me ayudará a obtener otra perspectiva y a gestionar mejor esta situación.	Voy a intentar separarme mentalmente de mi reacción emocional inmediata. Bien… con lo que sé de esta persona, quizás está frustrada por equis motivos, y si me pongo en sus zapatos, puedo ver por qué respondió como lo hizo y por qué piensa que la culpa es mía. Sin embargo, aunque esté equivocada y su respuesta haya sido tóxica, voy a elegir aprender de la situación para mejorar mi comunicación con esta persona. Diré lo que sea y veré si puedo ayudarle a procesarlo de una forma más saludable. Responderé a mi colega de manera serena y lógica y agendaré una llamada o una reunión presencial para conversar con calma y mejorar nuestra comunicación futura, porque por correo muchas cosas se malinterpretan.

Para descargar las tablas de este capítulo, visita helpinahurrybook.com/resources.

6

¡AYUDA, EL MUNDO PARECE TAN BLANCO Y NEGRO!

¿Te has sorprendido pensando que solo hay una forma correcta o incorrecta de pensar, sin puntos intermedios? A esto se le llama pensamiento en blanco y negro, y aunque es bastante común, puede hacernos sentir frustrados y estancados. La vida existe en un espectro, lo que significa que a veces tenemos que abrazar las zonas grises o pronto nos veremos atrapados en nuestras propias distorsiones cognitivas.

Otra forma de entender el pensamiento en blanco y negro es como pensamiento de "todo o nada".[1] Ser humano no es sencillo, así que la manera en que pensamos y afrontamos la vida tampoco debería serlo. Muchas cosas tienen muchas causas y, en algunos casos, lo "correcto" o "incorrecto" se topa de frente con la ambigüedad moral. Hay conflictos sin lados buenos o malos, y problemas sin respuestas correctas. El "todo o nada" tiende a pasar esto por alto, manteniéndonos atrapados en una mentalidad de "o lo uno o lo otro" que puede dejarnos molestos, ansiosos o enojados.

Por eso es tan importante aprender a abrazar el pensamiento "gris" o "ambos/y" para afrontar los grandes desafíos del mundo real. Necesitamos alejarnos de ver el mundo en extremos y absolutos y reconocer que gran parte de la vida existe en el ámbito del "a veces/tal vez" más que del "siempre/nunca".

De hecho, si no somos capaces de ver alternativas en una situación o posibles soluciones a un problema, podemos terminar afectando negativamente nuestra salud mental y nuestra vida. Podemos acabar castigándonos si no hacemos algo exactamente "bien" o si no alcanzamos nuestros propios estándares altos, o podemos pasar por alto lo importantes que somos para otros. Con el pensamiento en blanco y negro podemos volvernos rápidamente desesperanzados o deprimidos y sentir que valemos poco o nada.

Tomemos el adagio tan común "Sin dolor no hay ganancia". Es un gran ejemplo de pensamiento en blanco y negro. Claro, en muchas situaciones el esfuerzo que duele es necesario para "ganar": cuando hablamos de la lucha por aprender algo nuevo, entrenar, cambiar un hábito o incluso sanar un trauma. Pero eso es solo una perspectiva y deja mucho sin decir. Como señala el autor y experto en longevidad Dan Buettner, lo opuesto también es cierto: cuando no hay dolor, hay ganancia, porque cuando no duele, ¡es más probable que lo hagas todos los días![2]

La realidad es mucho más compleja de lo que comunican los dichos simples, y creo que muchos lo sabemos de forma intrínseca, pero nos cuesta comprenderlo cuando sentimos que todo a nuestro alrededor se derrumba. Las frases o ideas "blanco y negro" pueden ocultar fácilmente cuán incierta y complicada puede ser la vida. Pueden hacernos sentir culpa cuando nuestros pensamientos no encajan con lo que vivimos, o incluso hacernos sentir que estamos "haciendo mal la vida" cuando las cosas cambian o cuando enfrentamos lo desconocido, lo que puede tensar de verdad nuestra salud mental y nuestras relaciones.

La vida no es un juego de "o lo uno o lo otro". Es un juego de "ambos/y", lo que significa que es normal sostener dos o más ideas o sentimientos opuestos al mismo tiempo, y aceptar esto nos ahorrará mucha angustia mental. Por ejemplo, puedes amar a alguien y aun así necesitar tomar distancia para no habilitarle conductas tóxicas que le hacen daño. O puede haber alguien a quien quieres muchísimo, pero algo que hace dispara lo que tú estás trabajando en tu propia vida, así que necesitas crear un espacio temporal o establecer ciertos límites para ti. No es raro que alguien sea tóxico para ti ahora, en la etapa en la que estás. Eso no significa que sea permanente, ni que seas una mala persona.

Es totalmente normal que las situaciones y las relaciones cambien con el tiempo o que las cosas se sientan inciertas. De hecho, reconectamos nuestro cerebro en cada etapa de la vida con la mente, por lo que los cambios en relaciones y situaciones requieren adaptación y pueden sentirse extraños al principio. Eso no significa que las cosas estén "mal".

Si sientes que a menudo cedes al pensamiento en blanco y negro y esto impacta cómo vives y gestionas tu vida, lo más importante que puedes hacer es tomarte el tiempo de observarte y anotar cómo estás pensando sobre las situaciones y cómo te hablas. Observa qué patrones detectas en tu vida, cuáles son tus disparadores y cómo puedes trabajar para cambiar tus respuestas y tu manera de pensar en el momento cuando te cueste ver lo gris en tu mundo. ¡Los consejos de abajo están diseñados para ayudarte a practicar esto en tu vida!

Sin embargo, como mencioné en capítulos anteriores, si reconoces esto como un patrón en tu vida, también es importante hacer cambios pequeños durante al menos 63 días para cambiar la red mente-cerebro-cuerpo y desarrollar un hábito sostenible, algo que explico con detalle en mis otros libros y en mi *app Neurocycle*.

1. ALÉJATE DE LOS ABSOLUTOS

Obsérvate durante un par de días para ver si —y con qué frecuencia— usas palabras absolutas como "siempre", "nunca" o "jamás". Luego piensa por qué las usas y qué alternativas puedes emplear para ayudarte a pasar del pensamiento en blanco y negro a ver y aceptar las zonas grises de la vida.

A continuación encontrarás una lista de palabras y frases absolutas con espacio para contar cuántas veces usas cada una durante un periodo de tres a siete días, así como un espacio para proponer alternativas. He añadido algunas de las más comunes, pero puedes cambiarlas o añadir más. También puedes crear tu propia tabla o descargar una (en inglés) usando el código QR al final del capítulo, lo que mejor te funcione. Como mencioné, puedes agregar más palabras según te parezca o cambiar cualquiera de los títulos/frases según tus experiencias.

ABSOLUTOS Y ALTERNATIVAS			
Palabra/frase absoluta	**¿Con qué frecuencia?**	**Cuándo, dónde**	**Alternativa**
Siempre			A veces; usualmente; con frecuencia; con algunas excepciones.
Nunca			Tal vez; a veces; rara vez; casi nunca; con poca frecuencia.
Jamás			De vez en cuando.
Ninguno			Unos pocos; poco; escaso; apenas.
Debo / Debería			Quizás podría; me gustaría; puedo; puede que pueda.
Todo el mundo / Todos			Mucha gente; algunas personas; muchas personas.

Palabra/frase absoluta	¿Con qué frecuencia?	Cuándo, dónde	Alternativa
Nadie			Un pequeño número de personas; una o dos personas; solo unas pocas personas.
Necesito estar al 100 %			Solo puedo dar lo mejor de mí.
Sin dolor no hay ganancia			Esto no es necesariamente cierto; el trabajo duro no siempre implica dolor, pero sí requiere perseverancia, y yo la tengo.
Presumir empieza a las 60 h por semana			Amo mi trabajo y, trabaje 10 o 60 horas, me siento orgulloso(a) de lo que hago, pero mi valor no depende de cuánto trabajo. El descanso tiene valor.

Palabra/frase absoluta	¿Con qué frecuencia?	Cuándo, dónde	Alternativa
En la vida o triunfas o fracasas			El éxito puede no verse como espero. Mis fracasos me enseñan y me ayudan a tener éxito. La vida no es solo lograr algo. Yo defino mi propio éxito.

(Puedes añadir más filas y adaptar las frases según tu experiencia)

2. DESARROLLA UNA MENTALIDAD QUE BUSQUE ALTERNATIVAS Y GENERE POSIBILIDADES

Trabajar en cambiar tu mentalidad es una gran manera de salir del pensamiento en blanco y negro y practicar el acceso a tus reservas ilimitadas de resiliencia hasta convertirlo en un hábito cuando más lo necesitas, es decir, cuando la vida se siente desconocida e incierta.

Una mentalidad es una forma en que funciona tu mente, como un hábito. Es una manera de "ajustar" tu mente, literalmente. Igual que plantar tu jardín en primavera da frutos durante todo el año si lo haces bien, elegir y practicar deliberadamente una mentalidad puede ayudarte de verdad cuando la vida golpea duro. Por eso a menudo llamo a las mentalidades "pólizas de seguro": están ahí para ti cuando más las necesitas.

Practicar una mentalidad que busque alternativas y genere posibilidades es increíblemente útil para salir de la trampa del pensamiento en blanco y negro. Este tipo de mentalidad busca diferentes formas de llegar a un juicio, entender una situación o resolver un problema. Te permite abrazar las incertidumbres de la vida y gestionar cómo te sientes cuando entras en esas zonas grises que son una parte intrínseca de la existencia.

Una excelente manera de hacerlo es decidir intentar, en la medida de lo posible, buscar de tres a cinco posibilidades antes de decidirte por una en cualquier situación. Esto te da la oportunidad de proponer algo distinto, y quizás incluso mejor, que la opción en blanco y negro. Aunque termines regresando a esa opción, el mero hecho de considerar alternativas te permite activar tu creatividad, ampliar tu perspectiva y ayudarte a mirar más allá del blanco y negro.

Por ejemplo, piensa en una ocasión en la que te sentiste un fracaso: no hiciste algo bien, lo que significa que lo hiciste mal. ¿Cierto? ¡No necesariamente! Por un lado, no hiciste algo como se suponía que debía hacerse. Técnicamente, estuviste "mal". Pero es un "mal" con minúscula. Por otro lado, esa experiencia te enseñó algo y te ayudó a crecer. Esta es otra forma de mirar la situación y verla como una posibilidad que te ayudará a tener éxito más adelante en la vida.

Entrenar tu mente para pensar de esta manera ayudará a desarrollar tu inteligencia y tu discernimiento, haciéndote más resiliente ante los altibajos de la vida. Te enseña a ahondar en la sabiduría de tu mente no consciente (de la que hablé en el capítulo 2) y a encontrar soluciones y caminos a través de los desafíos que enfrentas. Es una mentalidad caracterizada por la perseverancia y la esperanza, incluso cuando las cosas se sienten inciertas o extrañas.

De hecho, cuanto más practiques esta mentalidad, más te descubrirás aplicándola a muchas áreas de tu vida. Si se cierra una puerta, empezarás a ver que otra se abre. Por ejemplo, quizás estés en una fase de reorganización en tu negocio; imaginar cuatro o cinco (¡o más!) posibilidades distintas y escribirlas te ayuda a ver las cosas desde otra perspectiva y a precisar qué quieres hacer y por qué. Y cuando pases al proceso de estrategia, ya tendrás una plataforma de lanzamiento desde la cual empezar, incluso si una estrategia no funciona. Serás más resiliente al cambio, que es una de las mejores habilidades que puedes desarrollar a lo largo de la vida.

A continuación, tienes una tabla sencilla para empezar a practicar esto. También puedes escribirlo de otra manera que te funcione o descargar esta tabla con espacios para completarla usando el código QR al final del capítulo.

POSIBILIDADES Y ALTERNATIVAS
Situación:
Visión en blanco y negro:
Alternativa 1:
Alternativa 2:
Alternativa 3:
Alternativa 4:
Alternativa 5:

Para descargar las tablas de este capítulo, visita helpinahurrybook.com/resources.

Para descargar la *app Neurocycle,* visita www.neurocycle.app.

Recuerda que tanto la app como la web las encontrarás en idioma inglés.

7

¡AYUDA, ESTOY CANSADO TODO EL TIEMPO!

¿Con qué frecuencia alguien te pregunta cómo estás y respondes "Estoy cansado"? Es una respuesta tan común que casi no le prestamos atención. ¿Qué hay de nuevo? Todos estamos cansados todo el tiempo.

Pero, en realidad, esto es algo a lo que sí deberíamos prestarle atención. Debería venir con luces parpadeantes que dijeran "¡Alerta, alerta, peligro adelante!". Descansar es una parte importante de mantener una mente, un cerebro y un cuerpo sanos, y nos permite responder mejor a los desafíos de la vida.

Sin descanso, no podemos funcionar muy bien. Sí, tu mente no consciente no se detiene nunca. Siempre intenta hacerte consciente de los asuntos que están dañando tu resiliencia y provocando alteraciones neurofisiológicas en tu cerebro y tu cuerpo. Sin embargo, la mente consciente y el cerebro sí se cansan porque trabajan con energía limitada. Recuerda: es como tener un montón de *apps* abiertas en el teléfono, el brillo al máximo y usarlo sin parar: muy pronto la batería se agota.

¿Por qué? A lo largo del día, todo lo que experimentamos es capturado y procesado por la mente no consciente y el cerebro; solo parte de ello se filtra a la mente consciente porque esta solo puede manejar cantidades muy pequeñas de información a la vez. Cada día ocurre mucha neuroplasticidad (cambio cerebral): construiremos alrededor de ocho mil recuerdos nuevos en conglomerados de pensamientos (redes neuronales) en el cerebro y el cuerpo.[1] Esta actividad drena la "batería", y deja a tu cerebro, tu mente consciente y tu cuerpo cansados porque su energía es limitada.

La mente consciente y el cerebro pueden cansarse incluso si nos están pasando muchas cosas buenas. Por eso, aun cuando todo va bien, podemos sentir pérdida de impulso y creatividad e incluso sentirnos un poco alicaídos.

Así como necesitas recargar tu teléfono, también necesitas recargar tu cerebro y tu mente consciente. Lo mejor es hacerlo de manera regular, incorporando periodos de descanso en tu rutina diaria para mantener el cerebro "con carga" durante todo el día. Incluso uno o dos minutos cada hora, más un descanso de quince minutos cada tres horas, en los que simplemente apagas lo externo y enciendes lo interno, pueden ayudar muchísimo a descansar y regenerarte. Si pasas demasiado tiempo sin descansar, quizás creas que estás bien, pero al día siguiente no te sentirás tan recuperado como deberías. Puedes notar que tu capacidad para pensar con claridad y responder a los altibajos está "fuera de punto" porque no te recargaste regularmente y llevaste tu mente consciente y tu cerebro al límite, otra vez.

Pero descansar es más fácil decirlo que hacerlo. Todos sabemos, en algún nivel, que lo necesitamos. Incluso podemos hacer el esfuerzo consciente de incorporar más periodos de descanso en la vida, pero terminamos sintiéndonos igual de agotados y quemados que antes. ¿Cuántos hemos hecho maratón de una serie en Netflix porque necesitábamos un descanso desesperadamente, solo para sentirnos cero descansados en cuanto terminó el maratón? O tomamos ese fin de semana o esas vacaciones y volvemos sintiendo que seguimos exhaustos, a pesar de haber pasado horas en la playa o caminando por paisajes preciosos.

Si este eres tú, no estás solo(a). Cada vez que me paso de una jornada de ocho horas pensando que estaré bien, al día siguiente, noto una caída en mi creatividad y mi estado de ánimo. Encontrar maneras de descansar de verdad y "apagar" puede ser tremendamente desafiante. Aunque hay toneladas de información por ahí (basta ver cuántas publicaciones en redes te animan a hacer del autocuidado una rutina), muchos seguimos agotados y quemados. Parece que casi todos los días hay un nuevo artículo diciendo lo mal que están las cosas, pero muchos ni necesitamos leerlo: ya lo sabemos por experiencia. Estamos tan inmersos en este mensaje que pasamos más tiempo pensando en lo quemados que estamos que descansando.

Una distinción importante cuando hablamos de descanso es la diferencia entre darle un respiro a la mente, el cerebro y el cuerpo, y tomarnos el tiempo de verdad para restaurar y reiniciar nuestra psiconeurobiología.

Restaurar es un verbo transitivo. Significa devolver, restituir, volver a poner en existencia y uso... renovar. Lo opuesto a restauración es debilitar, socavar, desbaratar, deprimir, dividir o embotar. Descansar, en cambio, se define como cesar la actividad para relajarse y recobrarse; para recuperar fuerzas.[2]

Podemos acertarle a la parte de "descansar", pero a menudo nos perdemos la de "restaurar". Por ejemplo, cuando hicimos una maratón de esa serie en la televisión, cuando fuimos a esa clase de ejercicio, o esa vez que nos divertimos con familia y amigos en vacaciones, puede que hayamos descansado, pero no necesariamente le dimos a la mente, al cerebro y al cuerpo la oportunidad de restaurarse de verdad. En el fondo, quizás seguíamos preocupados por ese familiar, por el trabajo pendiente, por cómo iba a reaccionar tal persona con tal otra, etc. En lugar de permitir que la mente y el cerebro se renueven, se restauren y vuelvan a su línea base, estábamos debilitando, socavando y deshaciendo nuestro descanso, preparándonos para fallar después.

Algunas señales de que esto puede estar pasándote:

- Cambios emocionales: te sientes más sombrío(a), deprimido(a), ansioso(a), anclado(a) al pasado e incapaz de disfrutar lo que antes te encantaba.
- Niebla mental: tienes más olvidos y no rindes mentalmente como antes.
- Dificultades en las relaciones: notas más irritabilidad y malhumor y lo descargas con tus seres queridos, lo que afecta tu capacidad de conectar y te hace sentir más solo(a).
- Problemas de salud física: más molestias gastrointestinales o baja energía, o te enfermas más a menudo que antes.

Entonces, ¿qué puedes hacer? Aunque suene contraintuitivo, el descanso tiene muchísimo que ver con la mente; de hecho, casi todo que ver con la mente. Independientemente de la técnica o actividad que uses para descansar, si no puedes gestionar lo que está pasando por tu mente, puede salirte el tiro por la culata y dejarte cansado(a), quemado(a) e incapaz de manejar los desafíos que la vida te lanza.

Aquí tienes algunos consejos rápidos y sencillos para ayudarte a gestionar tu mente en el momento y así descansar y restaurar.

1. TOMA MÁS MOMENTOS PARA PENSAR

Las investigaciones muestran que pasamos de la mitad a tres cuartas partes del día "viajando en el tiempo" dentro de la mente a través de nuestros pensamientos y recuerdos. Cómo hacemos esto puede ayudar o perjudicar nuestra capacidad de descansar bien, por lo que es importante tomar lo que llamo "momentos para pensar a lo largo del día".

Los momentos para pensar son periodos en los que, de algún modo, nos "desconectamos", permitiendo que la mente pase de la resolución activa de problemas a divagar y soñar despierto, lo cual ayuda a descansar la mente consciente y el cerebro físico. Le dan al cerebro el tiempo de inactividad necesario para recargarse y funcionar de forma óptima. Cuando dejamos vagar la mente, reiniciamos internamente nuestro pensamiento y le damos a nuestro diálogo interno un valioso tiempo para mí.

He descubierto que la mejor manera de tener un momento para pensar es cerrar los ojos y permitir que la mente libere un flujo libre de pensamientos durante uno a cinco minutos. Tener a mano papel y lápiz (o el teléfono/dispositivo) es útil en este proceso para anotar los pensamientos que fluyen y su dirección, así como aquellos a los que vuelves una y otra vez y que te roban la paz, para trabajarlos más tarde.

Otra forma entretenida de practicar los momentos para pensar es leer una novela o un cuento por un rato, cerrar los ojos y dejar que la mente juegue con lo que acabas de leer. Es una manera rápida y eficaz de turboimpulsar la capacidad del cerebro para descansar, cambiar y sanar, porque ayuda a generar ondas saludables de energía equilibrada en la mente que barren el cerebro y el cuerpo, apoyando los sistemas inmunitario y endocrino y el eje HPA (hipotálamo–hipófisis–adrenal), lo que puede ayudarte a lidiar mejor con el estrés y las circunstancias negativas. También puede dar lugar a cambios en las ondas gamma, alfa, beta, delta y theta, asociadas con el aprendizaje, un estado óptimo de relajación con alerta y el puente entre la mente consciente y la no consciente. Estos cambios pueden favorecer la calma, la preparación, la creatividad y la meditación.

Estos periodos intermitentes de divagación mental también son críticos para restaurar la memoria y la creatividad. Es una de las razones por las que las soluciones e ideas creativas —los momentos "¡ajá!"— suelen aparecer inesperadamente durante el descanso o los ratos de desconexión. Así que, si sientes que estás en un bajón mental, practicar estos momentos para pensar también puede serte de gran ayuda.

2. EVITA LA MULTITAREA *MILKSHAKE*

Aunque todos tendemos a hacerlo a veces, la multitarea no es tan buena para el cerebro. Nuestra mente consciente no es hábil con este tipo de pensamiento disperso y saltarín. Le extrae energía al cerebro y crea algo parecido a una tormenta de polvo en la mente consciente, lo que puede afectar nuestro descanso y, por ende, impactar nuestra salud mental y física.

Cuando hacemos multitarea, terminamos con lo que yo llamo "pensamiento *milkshake*", que es lo opuesto a la atención plena. Cada cambio rápido, incompleto y de baja calidad en el pensamiento hace un "batido" con nuestras células cerebrales y neuroquímicos y pone bajo tensión todos los sistemas del cuerpo, lo cual va en contra de cómo está diseñado para funcionar el cerebro. Cuando intentamos conscientemente saltar con rapidez de una tarea a otra, básicamente nublamos nuestra capacidad de concentrarnos y pensar en profundidad, lo que afecta nuestro desempeño y nos lleva a niveles innecesarios de ansiedad y estrés.

Si te pasa como a mí, a veces es difícil resistir la tentación de hacer multitarea, especialmente cuando estás descansando. Sin embargo, me he dado cuenta de que cuando hago el esfuerzo consciente de no hacer multitarea, de verdad me siento más restaurado(a) y renovado(a).

Puedes practicar esto en tu vida eligiendo enfocarte deliberada y conscientemente en el momento presente.

A algunas personas les encanta enfocarse en la respiración para lograrlo, imaginando el aire entrando y saliendo de los pulmones en el presente. Este ejercicio simple puede ser muy útil porque es fácil de recordar, especialmente cuando te sientes abrumado(a). La respiración enfocada te saca "de la cabeza" al mantener ocupado al cerebro con los aspectos técnicos de respirar, permitiendo que tu mente más espiritual tome el mando para calmarte y enfocarte.

Para hacerlo, cierra los ojos y toma unas cuantas respiraciones lentas y profundas. Inhala por la nariz de forma amplia, permitiendo que el abdomen se expanda, y exhala despacio por la boca, soltando con cada exhalación cualquier tensión o estrés. Lleva la atención hacia adentro, enfocándote en las sensaciones del cuerpo. Nota el suave subir y bajar del pecho al respirar, la sensación de estar enraizado(a) al suelo (o a la cama, si estás acostado(a)) y cómo se siente tu cuerpo.

Con cada inhalación, imagina que absorbes calma, paz y claridad. Deja que estas cualidades llenen todo tu ser, desde la coronilla hasta la punta de los dedos de los pies. Al exhalar, imagina que sueltas las preocupaciones, dudas o pensamientos negativos que puedan estar pesando en tu mente. Permite que se disuelvan y se alejen con cada exhalación. Tómate un momento para revisar cómo estás emocionalmente. Sin juzgar, observa cualquier sensación o emoción que surja, permitiendo simplemente que esté presente.

Continúa respirando de forma profunda y consciente, permaneciendo presente con tu experiencia interna. Si la mente empieza a divagar, guía suavemente el foco de nuevo a la respiración y a las sensaciones del cuerpo. Permanece unos momentos más en este estado de reflexión interna, saboreando la quietud y el silencio.

También ayuda hacer unas cuantas respiraciones en las que digas mentalmente "deja" al inhalar e "ir" al exhalar (deja ir).

Otra forma útil de practicar enfocarte en una sola cosa en el momento, en lugar de "multitarear", es este sencillo ejercicio de *grounding*: reconocer lo que te rodea con tus sentidos. Empieza buscando una posición cómoda sentado(a) y tomando unas cuantas respiraciones profundas, permitiendo que el cuerpo se relaje con cada exhalación. Primero, tómate un momento para reconocer cinco cosas que ves a tu alrededor. Observa los colores, las formas y las texturas de cada objeto. Luego, reconoce cuatro cosas que puedes tocar a tu alrededor. Siente la textura de la superficie bajo ti, la tela de tu ropa o cualquier otro objeto al alcance.

Ahora cambia el foco a tres cosas que puedes oír. Quizás cierra los ojos. Escucha con atención los sonidos a tu alrededor, ya sea el zumbido de los electrodomésticos, el susurro de las hojas afuera o el fluir suave de tu respiración.

Toma otra respiración profunda y nota dos cosas que puedas oler. Quizás el aroma de una vela cercana, el olor del aire fresco o incluso la fragancia en tu ropa.

Por último, lleva tu atención a una cosa que puedas saborear. Puede ser el sabor que quedó de tu última comida o un sorbo de agua que acabas de tomar. Mientras sigues dando unas cuantas respiraciones profundas, permítete sumergirte por completo en el momento presente, sintiéndote enraizado(a) y centrado(a) en tu entorno. Saborea las sensaciones de calma y tranquilidad que fluyen por ti.

3. HAZ QUE TUS PERIODOS DE DESCANSO SE CENTREN EN TI, NO EN LOS DEMÁS

Tenemos que hacer que nuestros periodos de descanso se traten realmente sobre descansar, y dejar de permitir que otras personas tiren de nuestras reservas de energía cuando intentamos restaurar mente, cerebro y cuerpo. De hecho, no podemos ayudar de verdad a alguien ni manejar la relación si esa persona está en nuestra mente todo el tiempo, porque eso nos desgasta. A esto lo llamo el "principio de la mascarilla de oxígeno": como en un avión, primero debemos ponernos nuestra mascarilla antes de ayudar a otros.

Esto implica ser cuidadosos con quién elegimos para rodearnos cuando descansamos. Estar con personas negativas puede ser increíblemente agotador. Necesitamos equilibrar el tiempo con gente saludable y conversaciones sanas y alegres, hacer cumplir nuestros límites personales cuando sea necesario y, también, simplemente estar a solas con nuestros pensamientos.

Así que, si sientes que no estás descansando bien, observa con quién eliges estar cuando intentas tomarte un respiro. ¿Están apoyando o perjudicando tu salud mental? Si es lo segundo, ¿qué límites puedes establecer para descansar mejor? Si necesitas tiempo a solas, ¡no te sientas culpable! Decir no a alguien o a algo está perfectamente bien si eso es lo que necesitas para descansar. De hecho, decir no a personas egocéntricas, agotadoras o codependientes suele ser necesario para nuestro bienestar mental. Puedes seguir estando ahí para alguien en caso de necesidad extrema, pero no tienes que permitir que afecten tu capacidad de descansar y restaurarte.

4. RECONOCE QUE EL DESCANSO REPARADOR ES PERSONALIZABLE, NO PRESCRIPTIVO

Cuando se trata de descansar, no te encasilles. El descanso reparador de verdad es liberador, con sentido y personalizable. Todos somos distintos, y lo que para una persona es reparador para otra puede ser estresante. Necesitas encontrar lo que mejor te funcione y evitar comparar tus necesidades con lo que otros dicen o hacen.

Tu versión del descanso es exactamente eso: tu versión. Puede ser escuchar un pódcast tumbado en tu balcón al sol, leer una novela acurrucado en el sofá, correr con tus perros por la playa, disfrutar de una clase de ejercicio como hot yoga (practicar yoga en una sala caliente) con amigos, o escuchar música mientras tomas una sauna. Puede ser a solas o acompañado. Puede ser muy activo o muy pasivo. Puede ser cualquier combinación de lo anterior, ¡o algo totalmente distinto! Y puede cambiar de un día a otro. Ser flexible y escuchar lo que necesitas en el momento es clave para restaurarte.

En lo personal, me encanta lo que dice el actor Sam Waterston sobre desacelerar y descansar para restaurarse: "Cada vez más, las cosas que me dan alegría tienen que ver con detenerme".[3] Para Waterston, su trabajo se convirtió en una fuente de dolor que afectaba su espacio mental y su capacidad de descansar y disfrutar la vida, así que renunció. "Cuando por fin renuncié, me sorprendió cuánto espacio ocupaba el trabajo en mi cabeza... Una gran parte de mí, que ni siquiera sabía que había alquilado, volvió a ser mía".[4]

Ahora bien, no estoy diciendo que debas dejar tu trabajo si te sientes cansado. Más bien, observa qué está ocupando tu "espacio mental" y cómo te impacta. ¿Qué puedes parar para recuperar más "metros cuadrados" en tu mente y en tu cerebro, de modo que puedas estar quieto y experimentar más alegría en la vida?

Mientras te haces estas preguntas, presta atención a cómo te hace sentir tu rutina actual. Obsérvalo durante varios días y anota lo que experimentas. ¿Haces suficiente de lo que te da alegría? ¿Qué está llenando tu espacio mental? ¿Qué puedes "parar" para hacer más espacio para el descanso y la restauración en tu vida?

5. PRACTICA LA AUTORREGULACIÓN ANTES Y DURANTE LOS PERIODOS DE DESCANSO

Te sentirás más restaurado si te preparas mentalmente antes de tu actividad de descanso y autorregulas tu pensamiento durante tus periodos de descanso para asegurarte de aprovechar al máximo cada momento.

Para hacerlo, hazte preguntas como:

- ¿En qué estoy pensando ahora?
- ¿Estoy rumiando sobre el pasado, el presente o el futuro?
- ¿Puedo resolver este asunto ahora? (Si es así, resuélvelo y sigue; de lo contrario, fija un momento posterior para ocuparte de ello).
- ¿Necesito reenfocarme en el "ahora"?
- ¿Esto me está trayendo paz mental?

Hacerte este tipo de preguntas te ayudará a enfocarte en la calidad de tu descanso más que en la cantidad, lo que a su vez te permitirá descansar para restaurarte y sentirte menos agotado y abrumado.

6. PRACTICA EL ARTE DE RESTAR

Quita cosas de tu día en lugar de añadir más a tu agenda. Solemos pensar que sumar más prácticas o dispositivos traerá mejores resultados, pero muchas veces es al eliminar cosas de nuestra vida cuando abrimos más espacio para el descanso y la restauración. Así que pregúntate: ¿qué puedo sacar de mi día? ¿Qué puedo delegar en otra persona para liberar mi tiempo? Recuerda: ¡un hueco en tu agenda no tiene por qué llenarse!

8

¡AYUDA, MIS PENSAMIENTOS INTRUSIVOS NO PARAN!

¿Alguna vez has visto a un hámster correr en su rueda? Al principio, es fascinante, pero al rato no puedes evitar sentir un poco de lástima por el hámster. Parece agotador. ¿Cuándo se detendrá? ¿Seguirá para siempre? ¿Debería alguien ayudar a esa pobre criaturita?

No es de extrañar que usemos a menudo esta analogía para describir quedarnos atrapados en nuestra propia cabeza, especialmente cuando se trata de pensamientos intrusivos. Es muy fácil sentir que estamos presos, dando vueltas sin fin, acosados por imágenes que nos persiguen y abruman.

Los pensamientos intrusivos pueden definirse como pensamientos incontrolables y no deseados a los que sentimos que no podemos resistirnos. Se parecen al pensamiento obsesivo-compulsivo, donde nos sentimos atrapados pensando en lo peor que podría pasar o encallados en algo malo que nos ocurrió, reproduciendo ese evento una y otra vez, lo cual se parece a la rumiación negativa. Y, por supuesto, cuanto más lo repetimos, peor y más fuerte se vuelve, porque lo que más pensamos crece.

Este tipo de pensamiento suele ser una manera de lidiar con un problema subyacente no resuelto. No siempre es la forma más eficaz o sostenible de manejar el dolor o el trauma, pero es una especie de mecanismo de afrontamiento, un tipo de distracción que usamos para intentar que la fuente del dolor no nos paralice, al menos a corto plazo. Pero, como ocurre con muchos mecanismos de afrontamiento, si no se gestiona puede convertirse rápidamente en una trampa en sí mismo.

Como mencioné en el capítulo 2, aquello en lo que más pensamos no es algo aleatorio. Viene de algún lugar. Recuerda: nuestra mente no consciente absorbe prácticamente todo (hasta alrededor del 99 %) de lo que vivimos y a lo que estamos expuestos. Esto incluye lo que leemos y lo que ocurre en nuestra casa, nuestro trabajo, nuestra vida, en línea, en lo político, en lo cultural, y así sucesivamente... lo bueno, lo malo y lo feo.

Por fortuna, nuestra mente no consciente escanea, evalúa y neutraliza la mayor parte de lo que hay en nuestra cabeza. Sin embargo, como lo que más pensamos crece, cuanto más atención les prestamos a ciertas cosas, más profundas se vuelven sus raíces en nuestra mente. Pueden convertirse en pensamientos intrusivos, y la mente no consciente los empujará a la "sala de espera" de la mente subconsciente, que a su vez impulsa el pensamiento más disruptivo al frente de la fila en la mente consciente para que lo atendamos, porque está dañando nuestro bienestar.

Cosas a las que hemos prestado atención conscientemente en redes sociales, por ejemplo; un correo, mensaje o llamada negativos en los que hemos pensado mucho; o información de alto impacto como la muerte de un ser querido, una noticia dramática, un conflicto en el trabajo o una emergencia repentina, todo esto puede alimentar hábitos de pensamiento intrusivo. Hábitos y traumas no resueltos también pueden afectar nuestro pensar e influir en cómo aparecen los pensamientos intrusivos en nuestra vida.

Si esto te resuena, estás lejos de estar solo(a). La verdad es que la mayoría batallamos con pensamientos intrusivos. Investigaciones de la Universidad Concordia y otras quince universidades en todo el mundo, por ejemplo, mostraron que alrededor del 94 % de las personas examinadas en seis continentes experimentan pensamientos, imágenes o impulsos no deseados e intrusivos.[1]

Los pensamientos intrusivos son un tipo de hábito de pensamiento tóxico, que es un patrón conductual negativo que hemos establecido con el tiempo, como irritarnos en el tráfico, saltar contra un ser querido, o permitirnos bajar por madrigueras de preocupación enfocándonos en un ciclo de implicaciones negativas. Lo que más pensamos crece porque le damos energía, lo que a su vez puede afectar negativamente nuestra salud en general y nuestra capacidad de gestionar los pensamientos tanto en el momento de la saturación como a largo plazo.

Como dije, el cerebro es neuroplástico. Esto significa que cambia constantemente. Nos fusionamos con nuestros entornos a través de nuestras elecciones, incluido cuánto tiempo decidimos pasar en un pensamiento intrusivo. Por eso no tratar los pensamientos intrusivos puede paralizar literalmente nuestra imaginación, inhibiendo el éxito en la escuela, la vida y el trabajo, porque están creando bucles de retroalimentación negativos.

Podemos secuestrar nuestra mente consciente, con nuestra mente desordenada bloqueando el acceso a nuestra sabia mente no consciente... sí, ¡podemos secuestrar nuestra mente con nuestra mente! Esto sin duda nos hará sentir como si estuviéramos atrapados constantemente en la rueda del hámster del pensamiento intrusivo, que a su vez puede convertirse en una mentalidad tóxica.

Pero, como también mencioné al inicio de este libro, siempre hay esperanza. Si nuestro cerebro puede cambiar en una dirección, puede sanar en otra. Como la mente es nuestra fuerza motriz, y controlamos nuestra mente, tenemos mucho poder sobre cómo nos relacionamos con lo que nos ha pasado y cómo esas experiencias se despliegan hacia el futuro. Podemos cambiar mente, cerebro y cuerpo para bien, incluso si hemos desarrollado una mentalidad de pensamiento intrusivo.

Y una de las formas más poderosas de hacerlo es haciendo amistad con nuestros pensamientos intrusivos. Sí, leíste bien. Los pensamientos intrusivos no son solo ruedas de hámster interminables de dolor y ansiedad. También pueden ser ventanas a nuestra mente, ayudándonos a encontrar áreas problemáticas en nuestra vida para poder cambiarlas y sanar. Son señales de advertencia que apuntan a asuntos que necesitan atención para que no se conviertan en problemas mayores que alteren nuestro bienestar mental y físico.

Piensa en cómo actúa un mejor amigo. Te dice la verdad con amabilidad y cuidado, aunque duela. Y sabes que es tu mejor amigo porque quiere lo mejor para ti, no solo complacerte. No hace esto para herirte, sino para ayudarte a sanar y mejorar. ¡Así es como quieres empezar a ver tus pensamientos intrusivos! ¿Qué intentan decirte para ayudarte a sanar?

Aprender a estar contigo y hacerte amigo de tus pensamientos es clave. Esto no significa que nunca volverás a estar triste, descontento, enojado, alterado, ansioso, etc. Son emociones humanas normales que todos experimentamos y que deben aceptarse y gestionarse, no reprimirse ni ignorarse. Puede ser difícil abrazar estos pensamientos y sentimientos como amigos, pero vale la pena. Puedes convertirte en tu propio verdadero amigo, que escucha sin juzgar y es amable y considerado, animándote a seguir adelante.

Esto no va a borrar de golpe todas tus ansiedades y tu dolor, pero es el primer paso de ayuda rápida cuando te sientes abrumado por tus propios pensamientos. Puedes usar la información que te proporcionan para avanzar y, con el tiempo, cambiar y sanar.[2]

Lo que definitivamente no recomiendo es reprimir o ignorar tus pensamientos intrusivos. Como dice el adagio, "lo que resistes, persiste". No puedes sanar o superar lo que no reconoces o no enfrentas de frente.

Tampoco puedes simplemente sustituir un pensamiento intrusivo por otro más positivo. La clave de los pensamientos intrusivos es que son, justamente, intrusivos. Por muy positivos que intentemos ser, vuelven. Y cuanto más intentamos forzar lo positivo, más podemos terminar invalidando nuestros propios miedos, dolores y traumas, que a menudo están en la raíz del pensamiento intrusivo, como mencioné antes.

De hecho, aprender a estar a solas con nuestros pensamientos, incluso los intrusivos, es una habilidad invaluable de salud mental. Cuando les hacemos amistad, pueden aportar información valiosa y potente sobre cómo estamos funcionando y qué puede estar afectando nuestro bienestar mental y físico, e influir positivamente en nuestro juicio y decisiones.

Entonces, ¿cómo haces amistad con tus pensamientos intrusivos? A continuación encontrarás dos estrategias simples pero muy útiles que puedes usar cuando sientas que tus pensamientos te están volviendo loco(a) en el momento.

1. PRACTICA UNA MENTALIDAD "SÍ PUEDO"

Uno de los mayores regalos que puedes darte es una mentalidad de "puedo ayudarme a manejar mi mente", que te libera para apoyarte en tu intuición y en tus fortalezas, que residen en tu sabia mente no consciente cuando no hay nadie ni nada más que te sostenga. Por supuesto, todos necesitamos comunidad, y no hay absolutamente nada de malo en pedir ayuda (de hecho, en la vida es absolutamente necesario). Sin embargo, por muchas conversaciones excelentes, amorosas, sabias y de apoyo que tengas con seres queridos, amigos, terapeutas, etc., nadie excepto tú puede entrar en tu mente (con tu propia mente) para manejar el desorden y averiguar qué necesitas para avanzar. La única persona que está contigo 24/7 eres tú (no tu terapeuta, amigo o familiar), y necesitas saber cómo manejar esos momentos de soledad cuando te sientes atrapado en esa rueda mental de hámster. Aprenderlo llevará tiempo, pero es posible. ¡Tu mente es increíblemente poderosa y capaz, aunque a veces no lo parezca!

Pero ¿cómo se ve una mentalidad de "puedo ayudarme a manejar mi mente"? Se ve como ser honesto, vulnerable y auténtico contigo. Se ve como enfrentar tu dolor. Se ve como poder sentarte con el miedo, el pánico, la frustración o cualquier otra emoción que tus pensamientos remuevan. Se ve como observar las conductas asociadas a esas emociones y cómo han impactado tu vida. Se ve como evaluar cómo todo esto ha desordenado o desplazado tus perspectivas y reconocer cómo ha afectado tu mente y tu salud.

Lo más importante: se ve como reflexionar a fondo sobre el porqué y encontrar la fuente. Se ve como deconstruir —y, sobre todo, reconstruir— las razones por las que este asunto está en tu vida y cómo vas a encontrar la sanación. Se ve como aceptar lo que ha sucedido y tomar la decisión de reconceptualizar y seguir adelante. Se ve como decidir cómo quieres que tu vida se desarrolle en el futuro a pesar de lo que te haya ocurrido en el pasado. ¡Te estás diciendo a ti mismo que sí puedes con esto!

Aquí tienes algunas preguntas sencillas que pueden ayudarte a establecer esta mentalidad en tu vida:

1. Reconoce cómo te están impactando tus pensamientos. ¿Cómo te sientes mental y físicamente?
2. ¿Por qué crees que te sientes así? Escribirlo puede ayudarte a organizar tus ideas.
3. ¿Qué crees que intentan decirte tus pensamientos? ¿Cómo puedes hacerlos tus "amigos"? ¿Cómo puedes

pasar de "no puedo con esto" a "puedo enfrentar y manejar estos pensamientos"?

Por ejemplo, supón que eres madre o padre primerizo y estás experimentando muchos pensamientos intrusivos sobre todo el daño que podría ocurrirle a tu hijo. Te preocupas porque podría caerse por las escaleras, porque podría lastimarse al intentar caminar o porque puede atragantarse al empezar a comer sólidos. Quizás estos pensamientos se sientan tan abrumadores en el momento que te den un ataque de ansiedad, con palpitaciones y un nudo en el estómago.

Primero, lo clave sería reconocer qué son estos pensamientos y cómo te están afectando. Luego, cuestiónalos: ¿Qué intentan decirte? ¿Por qué crees que los estás teniendo? Intenta verlos bajo otra luz. Los padres de niños pequeños están constantemente en alerta —como debe ser— porque hay tantas cosas que pueden dañar a los hijos mientras aprenden a moverse por el mundo, especialmente cuando son tan pequeños y vulnerables. Transforma esto en una mentalidad "Sí puedo": en lugar de permitir que estos pensamientos te hagan sentir que no puedes ser un buen padre o una buena madre, reconócelos y velo como que te están haciendo consciente de lo que sucede a tu alrededor para que puedas ser mejor padre o madre.

Estos pensamientos intrusivos, aunque estresantes, te están advirtiendo que tengas especial cuidado cuando percibas una posible amenaza. Están gritando ¡Peligro, peligro!, y poniéndote en un estado de buen estrés para que estés listo(a) para proteger a tu hijo y actuar. No son solo imágenes de cosas horribles que podrían pasar, sino señales para que prestes atención y evites que le ocurran. Tu mente simplemente te recuerda que puedes y debes proteger a tu bebé de lo que podría lastimarlo, y lo haces prestando más atención a tu entorno. Tu mente está de tu lado para que puedas ser el/la mejor padre/madre posible en el momento.

2. CONTRARRESTA LOS PENSAMIENTOS INTRUSIVOS CON "MOMENTOS PARA PENSAR" DELIBERADOS

Como se mencionó en el capítulo 7, los momentos para pensar, en los que nos tomamos un tiempo para soñar despiertos y dejar que la mente divague, no son una rareza mental. Son una forma natural y espontánea de enseñarnos a vivir una vida examinada. Y, a medida que la mente divaga y los pensamientos se vuelven intrusivos, practicar estos momentos puede ayudarnos a examinar lo que estamos pensando y nuestras propias experiencias.

Contrario a la creencia popular, la mente no se detiene cuando estamos fantaseando. Activa de manera constructiva y saludable la red en modo por defecto (DMN por sus siglas en inglés) y la red positiva de tareas (TPN por sus siglas en inglés) en el cerebro.[3] La DMN es una red primaria a la que cambiamos cuando nos desconectamos del mundo exterior y entramos en un estado de atención plena enfocada, lo cual es una gran forma de entrenar la mente para evitar caer en un estado de estrés tóxico cuando experimentamos pensamiento intrusivo.

La TPN, por su parte, respalda el pensamiento activo que requiere tomar decisiones saludables. Así, cuando enfocamos nuestro pensar y activamos la DMN, en algún punto del proceso pasamos a la toma de decisiones activa. Esto activa la TPN, que nos ayuda a enfrentar nuestros pensamientos intrusivos, ver lo que intentan decirnos y hacerlos nuestros aliados.

Cómo usar un "momento para pensar" cuando te sientas atrapado en la rueda del hámster del pensamiento intrusivo:

1. Apaga lo externo y enciende lo interno cerrando los ojos y enfocándote en los detalles de lo que pasa por tu mente. Obsérvalo durante unos sesenta segundos.
2. Abre los ojos y en voz alta di en qué acabas de pensar.
3. Intenta distinguir entre los pensamientos que fluyen libremente y aquellos que se atascan, a los que vuelves una y otra vez.
4. Para estos últimos, evalúa si te dieron una sensación de paz o si te hicieron sentir molesto o preocupado.
5. Entra en "modo amigo", viéndote como un amigo amable, compasivo, comprensivo y no juzgador de tus pensamientos.
6. Ofrécete una manera alternativa de pensar ese pensamiento para reencuadrar tu perspectiva en el momento, como en el ejemplo anterior. No intentes resolver el problema. Enfócate en lo que necesitas decirte ahora para llegar al siguiente momento. No tiene por qué ser una versión "positiva"; es otra forma de verlo, otra perspectiva. Puede ser tan simple como: "Hice lo mejor que pude en esa situación", "Duela como duela el duelo, está bien", "Quizás pude hacer algo distinto, pero no puedo cambiar el pasado", o "Lo que quedó atrás importa menos que lo que puedo hacer de aquí en adelante". (Para este paso puedes usar la tabla de abajo).
7. Si no se te ocurre nada en el momento, puedes decir simplemente: "Reconozco que estoy atascado y voy a

preguntarle a un amigo/una persona de confianza qué piensa sobre cómo manejar esta situación". No temas pedir ayuda. Todos la necesitamos a veces, especialmente con nuestros pensamientos.

8. No te permitas andar en círculos en tus pensamientos. Intenta seguir adelante repitiendo esta frase, o tu pensamiento reencuadrado, tantas veces como necesites para no volver a ese espacio mental negativo.

Usa la siguiente tabla para practicar esto, crea tu propia tabla o utiliza el código QR al final del capítulo para descargarla.

MI MOMENTO PARA PENSAR	
¿Qué acabo de pensar?	
¿Ese pensamiento fluía libremente o estaba atascado?	
¿Hacia dónde se está dirigiendo mi mente?	
¿Estoy en un espacio amable, compasivo y sin juicios hacia mí?	

Si no, ¿cómo puedo llegar ahí? **¿De dónde creo que viene este pensamiento?**	
¿Cuál es una forma alternativa de ver este pensamiento?	

Aquí tienes un ejemplo de cómo puede verse:

MI MOMENTO PARA PENSAR

¿Qué acabo de pensar? *Voy a arruinarlo y hacer el ridículo en el trabajo. Sigo viendo que esto pasa en mi mente y no puedo dejar de pensar en lo horrible que va a salir todo.*

¿Ese pensamiento fluía libremente o estaba atascado? *Atascado.*

¿Hacia dónde se está dirigiendo mi mente? *Sigo viéndome hacer algo vergonzoso. ¡Incluso sueño con esto todas las noches!*

¿Estoy en un espacio amable, compasivo y sin juicios hacia mí? *Si no es así, ¿cómo puedo llegar ahí?* No. *Quizás pueda hablar con alguien de confianza para tener perspectiva. También puedo intentar pensar en todas las cosas que sí he hecho bien en mi vida. ¡No siempre meto la pata! Y está bien fallar: todos fallamos a veces.*

¿De dónde creo que viene este pensamiento? *En el pasado metí la pata y todavía me encojo de vergüenza al* *recordar cómo me sentí en ese momento. Incluso ahora, al pensarlo, siento un nudo en el estómago y solo quiero esconderme para siempre.*

¿Cuál es una forma alternativa de ver este pensamiento? *Necesito recordarme que todos hacemos cosas embarazosas a veces. ¡Eso nos hace humanos! Pensaré en ocasiones en que otras personas se han avergonzado delante de mí. No me pareció el fin del mundo ni juzgué duramente a esa persona; solo pensé que era algo muy humano. Sé que estoy más nervioso(a) por la próxima semana laboral porque tengo un proyecto importante que no quiero arruinar. Me he preparado todo lo que he podido y he trabajado duro en este proyecto. ¡Lo único que puedo hacer es dar lo mejor de mí! No puedo controlar todas las circunstancias, pero eso no significa que voy a hacer el ridículo y que todos se reirán de mí.*

Cuando hagas este ejercicio, recuerda que los amigos suelen darnos información útil sobre nosotros mismos. Así que, cuando tengas un pensamiento intrusivo, haz una pausa e intenta entrar de verdad en tu "friend zone" [zona de amistad]. Imagina que un amigo ha venido a ti con este problema. ¿Qué le dirías?

Esto a menudo nos ayuda a ser más honestos con nosotros mismos y, cuando identificamos qué es lo que de verdad nos molesta, nos permite ser más compasivos con nosotros y con lo que estamos viviendo, en lugar de sumar más estrés. Es como correr el telón y descubrir que El mago de Oz es solo una persona común y corriente.

Para descargar las tablas de este capítulo,
visita helpinahurrybook.com/resources.

9

¡AYUDA, NO ME SIENTO FELIZ TODO EL TIEMPO!

Cuando estamos haciendo *scroll* en las redes sociales, es fácil creer que la felicidad es lo que todos buscamos, una "felicidad" que suele consistir en sonreír delante de cosas como dinero o autos de lujo, o en obtener *likes* en una foto. Los anuncios de nuevos productos casi siempre mencionan la "felicidad" como objetivo final, ya sea que estemos viendo una publicidad de una nueva gaseosa, unas vacaciones o un medicamento. Gente sonriente nos mira desde carteles mientras vamos al trabajo o caminamos por el vecindario, no hay escapatoria. La vida trata de ser feliz... ¿cierto?

A menudo parece que la felicidad y la positividad se promocionan como el fármaco milagroso para resolver nuestros problemas. Es fácil sentir que hay algo mal con nosotros si no estamos tan felices como otros parecen estarlo. Sin embargo, esas imágenes, en línea y en la vida real, solo muestran los mejores momentos. Nadie quiere publicar sus momentos bajos o desordenados para que todo el mundo los vea.

Sí, ser feliz y optimista puede tener un impacto positivo en nuestra mente, cerebro y cuerpo, pero pensar "en positivo" no elimina de golpe lo que estamos viviendo, aunque es comprensible que creamos que hay algo mal con nosotros si no estamos felices todo el tiempo, o incluso la mayor parte del tiempo. Ese es el mensaje con el que a muchos nos bombardean cada día, así que debe significar algo, ¿no?

Pensar de manera saludable sin duda tiene un impacto positivo en nuestra mente, cerebro y cuerpo, pero no es un simple intercambio de pensamientos o un giro de mentalidad. Tampoco es algo que tengamos que hacer todo el tiempo. Solo pensar "feliz" no elimina lo que atravesamos ni hace la vida más fácil.

Para sanar de verdad y encontrar una medida de felicidad duradera e intrínseca debemos ir más allá de las afirmaciones y del pensamiento positivo, y enfrentar lo que nos detiene a través de abrazar, procesar y reconceptualizar nuestro dolor pasado. Si no lo hacemos, no nos beneficiaremos realmente de la psicología positiva y las técnicas de felicidad. Usar estas últimas antes de haber procesado y gestionado lo que nos pasó suele resultar en un ciclo de positividad tóxica, en el que nos sentimos mal por el simple hecho de ser humanos, intentamos ignorar las emociones incómodas y descubrimos que eso solo nos hace sentir peor.

De hecho, la investigación indica que perseguir la felicidad de forma tóxicamente positiva puede afectar nuestra capacidad de abrazar por completo la experiencia humana, con todos sus altibajos e incertidumbres. Nuestra vida está tan impregnada de fragilidad, tropiezos e imprevisibilidad como de pasión, emoción y alegría. Usar la felicidad o el pensamiento positivo para enmascarar las realidades duras de la vida saldrá mal, porque no hay forma de evitar lo que significa ser humano.

Está bien no sentirse bien.[1] Está bien no estar feliz todo el tiempo. Una respuesta emocional adversa ante una situación adversa es normal. Es entendible que no queremos quedarnos atascados en un lugar oscuro y negativo, pero la felicidad no es una curita que podamos pegar sobre todas las heridas de la vida y "seguir como si nada". La felicidad es una parte importante de vivir, sí; pero no quitará el dolor que experimentamos al transitar la vida.

No solo está bien no sentirse bien, sino que es una parte esencial de lo que significa ser humano. Una respuesta emocional adversa ante una situación adversa es normal y saludable.[2] Piensa en soldados que regresan de la guerra. Si no sintieran cierto nivel de infelicidad por lo que vieron y vivieron, cuestionaríamos su humanidad.

La felicidad también significa cosas distintas para personas distintas. Cómo entendemos la felicidad, o las ideas sociales y culturales de felicidad a las que estamos expuestos, son solo "una rebanada de la diversidad cultural de la humanidad".[3] En términos generales, no sentirse feliz todo el tiempo preocupa más en la filosofía occidental, mientras que sentirse feliz todo el tiempo preocupa más en la filosofía oriental. Las culturas occidentales suelen asociar la felicidad con tener sentimientos positivos todo o la mayor parte del tiempo y con acumular "cosas". Las orientales, en cambio, tienden a asociar la búsqueda de la felicidad con peor bienestar y bajo desarrollo del carácter, y consideran más saludable para la persona buscar la paz y abrazar las bajadas de la vida como lecciones necesarias. Y, lógicamente, los factores socioeconómicos y políticos, el clima, y la prevalencia y gestión de enfermedades donde vivimos también influyen en nuestro sentido de felicidad.

Además, parece que los sentimientos de felicidad no son tan comunes como nos hacen creer. La mayor parte del tiempo, en realidad no nos sentimos "bien".[4] Por lo general, simplemente vamos atravesando el día, lidiando con los altibajos en un estado bastante neutro, con estallidos ocasionales de felicidad, irritación, frustración, etc. Michael Linden, experto en trastornos del estado de ánimo y profesor de psiquiatría en el Hospital Universitario Charité de Berlín, señala que

> incluso una breve reflexión sobre la vida diaria revela que la sensación de felicidad es en realidad bastante rara. Pasamos gran parte del tiempo simplemente "bien", tratando de ignorar que nos sentimos un poco cansados, agotados, molestos, estresados, irritados o con dolor, esforzándonos por mantenernos en la tarea y manejar nuestras responsabilidades.[5]

Un fuerte deseo de estar feliz todo el tiempo puede, de hecho, reducir nuestro sentido de bienestar.[6] Idealizar la felicidad puede arrojarnos a un estado de rumiación negativa, donde podemos quedar atrapados dando vueltas sin fin cuestionando por qué no somos felices si estamos haciendo todo lo que se supone que nos haría felices. Esto, a su vez, puede llevar a la decepción con uno mismo por tener un "bajo ánimo", que, muestra la investigación, proviene de sobrevalorar la felicidad. Esto, a su vez, crea una discrepancia entre la llamada felicidad ideal y la felicidad real o realista.[7] En resumen: al perseguir la felicidad, corremos el riesgo de deprimirnos más y luego sentirnos culpables por ello, y el círculo vicioso se instala rápido.

Curiosamente, la felicidad y el bienestar tienden a ir de la mano cuando nos enfocamos más en vías socialmente comprometidas hacia la felicidad que en ganancias individuales o posesiones.[8] Esto encaja con los hallazgos de uno de los estudios de felicidad más largos del mundo, que mostró que "las relaciones en todas sus formas (amistades, parejas, familias, compañeros de trabajo, compañeros de tenis, clubes de lectura, grupos de estudio bíblico), todas contribuyen a una vida más feliz y saludable".[9]

Incluso si todos nuestros sueños de felicidad se hicieran realidad, eso no significa que estaríamos felices todo el tiempo. A menudo, cuando nos sentimos felices, aún deseamos ser más felices, lo que puede aumentar la ansiedad y la tristeza. La investigación muestra que si la felicidad se percibe como una meta vital importante o incluso principal —cuando "felicidad" se iguala a sentir felicidad constante, lo que lleva a una preocupación por sentirse feliz—, esto puede aumentar potencialmente las probabilidades de experimentar depresión.[10] Si valoramos demasiado la felicidad, podemos terminar dañando nuestra salud mental. Tal vez la felicidad verdadera y duradera se describa mejor como la capacidad de tolerar la infelicidad.

De hecho, perseguir la felicidad puede hacer que el tiempo se sienta escaso. Varios estudios han indicado que intentar estar feliz siempre tiende a hacer que la gente sienta que el tiempo se está acabando, lo que, paradójicamente, los estresa y los hace infelices.[11] Si la felicidad es nuestro único objetivo en la vida, y si sentimos constantemente la necesidad de estar felices, podemos perder rápidamente la capacidad de apreciar y valorar cada momento por lo que es: tiempo que nunca volverá.

Uno de los mayores errores que muchos cometemos es ver la felicidad como un destino, un sustantivo. Con este modo de pensar, quedamos atrapados en la idea de "Si solo hago tal cosa, seré feliz", en lugar de ver que la felicidad perdurable es un estado en movimiento, un verbo. Es la suma de nuestros momentos más que un lugar, persona o estado particular.

Si sientes presión por estar feliz todo el tiempo, tómate una pausa y examina tus pensamientos. Pregúntate:

- ¿La falacia de la felicidad está ocupando espacio mental en mí?
- ¿Me siento culpable cuando me siento infeliz?
- ¿Pienso que hay algo mal en mí cuando me siento triste, molesto o enojado?
- ¿Siento vergüenza, culpa o bochorno si no me siento feliz todo el tiempo?
- ¿A menudo me digo (y les digo a otros) que solo necesito "pensar en positivo/estar feliz" cuando me siento triste, enojado o con alguna emoción incómoda o "negativa"?
- ¿Me descubro ignorando o reprimiendo mi sufrimiento o dolor?

Si respondiste que sí a alguna o a todas, puedes trabajar en reencuadrar cómo ves la felicidad y su papel en tu vida. A continuación encontrarás algunas acciones para practicarlo en tu día a día.

1. ESCUCHA TUS PENSAMIENTOS COMO SI ESTUVIERAS HABLANDO CON UN AMIGO

No dejes que la culpa te consuma; más bien, siente curiosidad, casi como si escucharas a un amigo contarte sus pensamientos.

Cuando te descubras cayendo en un patrón de usar la positividad tóxica para reprimir tus emociones más incómodas, haz una pausa y pregúntate: ¿Por qué me siento como me siento? Examina el "por qué" detrás de tu forma de pensar. ¿Cómo entiendes la felicidad? ¿Qué ha moldeado tus ideas sobre la felicidad?

Después, dilo en voz alta: "No solo está bien no sentirme bien; es parte de lo que significa ser humano, y tratar de estar feliz todo el tiempo puede dañarme y empeorar mi dolor".

Recuérdate esto al menos siete veces al día, durante el mayor número de días posible, para convertirlo en tu nueva mentalidad. Puedes configurarlo como una notificación en tu dispositivo o escribirlo en notas adhesivas y colocarlas por tu espacio de trabajo, escritorio o casa. ¡Lo que te funcione!

2. PASA DE UNA ORIENTACIÓN HACIA EL ESTADO A UNA ORIENTACIÓN HACIA LA ACCIÓN

Adoptar una mentalidad de orientación a la acción es enormemente útil si sientes que la falacia de la felicidad al 100 % se está infiltrando y afectando tu salud mental. Una mentalidad orientada a la acción significa poder enfocarte en una tarea sin quedar preocupado, o incluso saboteado, por los pensamientos que remolinan en tu mente con sus emociones, conductas, sensaciones corporales y perspectivas asociadas. Los pensamientos no desaparecen, pero te enfocas en lo que toca hacer en ese momento en lugar de en lo que gira en tu cabeza. Es algo así como una compartimentalización, y es una habilidad útil que puede beneficiarte en muchas áreas de tu vida.

Esta mentalidad es lo opuesto a sumergirte en una mentalidad de orientación al estado, que se centra en pensar cómo te sientes en el momento; por ejemplo, poner atención a ideas como ¿Por qué no estoy 100 % feliz ahora mismo?, ¿qué me pasa?, ¿por qué no puedo simplemente cambiar lo malo por lo bueno? Una mentalidad orientada a la acción te ayudará a cumplir la tarea presente, mientras que una mentalidad orientada al estado puede llevar rápidamente a la rumiación y a sentimientos de tristeza e insatisfacción.

Para practicarlo, tómate unos cinco segundos para reconocer (pero no recrearte en) lo que estás pensando, junto con sus sentimientos asociados. Recuérdate que esto es solo cómo te sientes ahora: es tu mentalidad de orientación al estado. Luego, observa cómo te está haciendo sentir. Por ejemplo, distraído, preocupado y quizás un poco ansioso o tenso. Puedes anotarlo para ayudarte a organizar tus pensamientos y emociones en el momento.

Ahora, cambia a una mentalidad orientada a la acción eligiendo enfocarte en una tarea concreta que redirija tu atención. Por ejemplo, puedes decidir terminar ese pendiente del trabajo, limpiar esa zona de la casa que has estado postergando, hornear esa receta nueva, salir a tomar un café con ese amigo o colega, hacer esa clase de yoga en línea, o lo que sea que te ayude a cambiar el foco.

Puede que tardes un poco en entrar en la tarea o la acción, y está bien. Estás trabajando en redirigir tu atención y tu enfoque, lo cual puede llevar tiempo cuando tus pensamientos son particularmente demandantes. No te preocupes ni te rindas si al principio no te sale perfecto.

3. USA FRASES DE CABECERA PARA MANTENER UN EQUILIBRIO "FELIZ"

Puede ser útil tener una frase o dicho de cabecera que practiques pensar cada día para cambiar cómo percibes la felicidad y el papel que tiene en tu vida.

Me encantan estas dos frases, usadas en Finlandia y Dinamarca, lugares que con frecuencia encabezan las clasificaciones de países más felices del mundo.[12] Reflejan mentalidades de afrontar, abrazar, procesar y reconceptualizar lo que la vida nos lanza, y no son simples afirmaciones ni frases positivas:

> *Lo que dejas atrás, lo encontrarás adelante.* Esta frase sugiere que reprimir o evitar cosas de tu pasado puede empeorarlas, y volverán para atormentarte en el futuro. Puedes intentar perseguir la felicidad en el momento, pero no deberías hacerlo a costa de tu futuro evitando tus emociones más incómodas o "infelices". Lo que ignoras no desaparece por arte de magia. Para ser verdaderamente feliz, también tienes que abrazar la infelicidad.

> *Algunos tienen felicidad; todos tienen verano.* Esta frase sugiere que, sin importar lo que estés enfrentando y atravesando ahora mismo, pasará. Así como los momentos felices no duran, los tristes también tienen fecha de caducidad: el verano llegará pronto. ¡Vienen días mejores!

A estas dos afirmaciones yo también añadiría:

Estar infeliz no significa que tengo una vida infeliz. Cuando estés atascado en lo que se siente como un "pozo de infelicidad", recuérdate que este momento pasará. Ya has superado muchos momentos bajos en tu vida.

Puedes empezar con estas tres afirmaciones, o crear una lista más amplia de frases o dichos que resuenen contigo y te sirvan para recordarte que la felicidad es más que el sentimiento del momento. Ponlas donde las veas: en la puerta del refrigerador, en tu automóvil, como recordatorio en tu teléfono, o donde mejor te funcione.

4. ABRAZA LA COMUNIDAD

Somos seres sociales: nuestra mente y nuestro cerebro florecen cuando formamos parte de una comunidad, mientras que el aislamiento puede causar estragos en nuestra salud mental y física.[13] Cuando estamos aislados, nuestros niveles de cortisol se elevan, lo que puede provocar inflamación de bajo grado en el cerebro y el cuerpo, hacernos sentir mal, reducir el flujo sanguíneo al cerebro y alterar nuestra claridad mental y nuestro estado de ánimo; el aislamiento, literalmente, nos hace perder perspectiva.

Cuando, en cambio, nos conectamos con otros, el cerebro y el cuerpo responden de forma positiva: sanan el organismo y reducen los niveles de cortisol y la inflamación, a la vez que protegen el corazón y el sistema inmunitario.[14] De hecho, la comunidad puede ser "adictiva". El sistema dopaminérgico mesolímbico, un sistema vinculado a la adicción, se activa cuando nos acercamos y damos a los demás, proporcionándonos una profunda sensación de felicidad.

Por eso es tan importante esforzarte por acercarte y conectar con la gente a tu alrededor, incluso si te identificas como introvertido(a). Todos necesitamos cierto nivel de apoyo y de comunidad. Necesitas sintonizar, no solo saludar y seguir con tu vida.

No solo deberías estar bien con pedir ayuda o compañía, sino que también necesitas estar atento(a) a lo que están viviendo las personas a tu alrededor y acercarte para ayudarlas, apagando por un momento el foco en ti, incluso si eso solo significa escuchar a alguien y acompañarlo mientras llora.

Esto es increíblemente poderoso y puede tener un efecto notable en nuestro bienestar mental y en el sentido general de felicidad y plenitud. Cuanto más nos acercamos a los demás, más nos ayudamos a nosotros mismos. Las relaciones profundas y con sentido nos ayudan a comunicar y gestionar lo que sentimos, en lugar de reprimirlo. En este tipo de vínculos nos sentimos seguros; podemos hablar abiertamente de lo que estamos atravesando. Esto nos ayuda a enfrentar nuestros problemas en vez de ignorarlos, lo cual solo nos enfermaría y afectaría nuestra salud mental. Y cuando nos comunicamos abiertamente con otros sobre lo que estamos viviendo, comienzan a fluir neurotransmisores como la serotonina y la dopamina, que ayudan a sanar el cerebro y el cuerpo, nos dan comprensión, amplían nuestra perspectiva y nos hacen sentir más felices. Incluso un simple abrazo libera hormonas que nos hacen sentir más calmados, valorados y felices.

Y hay muchas maneras de formar parte de una comunidad:

- Sé voluntario(a) en una organización sin fines de lucro local.
- Asiste o inicia un club de lectura, o cualquier tipo de club que te resulte interesante.
- Inicia tu propio grupo de encuentros.
- Almuerza con tus colegas.
- Únete a una liga deportiva.
- Agenda semanalmente un almuerzo, una cena o un café con un amigo o un familiar.
- Programa videollamadas mensuales si vives lejos de un amigo o un ser querido.
- Revisa sitios como Meetup o Timeleft, o busca grupos en tu zona que organicen cenas semanales o mensuales con desconocidos.

Las posibilidades son infinitas.

10

¡AYUDA, ESTOY ENOJADO TODO EL TIEMPO!

La ira es una emoción compleja. Puede ser útil, pero también dañina. Puede ser caótica o servir a un propósito cuando aprendemos a manejarla y canalizarla. La clave aquí es la frecuencia. Un estallido ocasional no te va a dejar incapacitado, e incluso puede ser necesario a veces, según las circunstancias. Lo que debemos vigilar es la frecuencia a lo largo del tiempo.

Una parte importante de manejar la ira es entender qué es una emoción. En cada momento del día estamos pensando, sintiendo y eligiendo. Esto sucede en respuesta a lo que experimentamos mientras estamos despiertos. Esta actividad construye pensamientos físicos dentro del cerebro e impacta el cuerpo hasta el nivel celular, además de la energía mental, como se mencionó en el capítulo 2.

Recuerda: tus pensamientos se parecen a árboles. Las ramas de esos árboles contienen el producto de tu pensar, sentir y elegir (tu mente en acción). Las emociones son como las hojas de esos árboles; tienen una estructura física y química en el cerebro. Son producidas por tu mente.

Cuando pensamos, sentimos y elegimos, experimentamos emoción. Cada pensamiento tiene información emocional adjunta; es una parte intrínseca de ser humanos. Así, cada pensamiento incluye emoción como parte de su estructura, que se almacena en la mente no consciente. Cuando los pensamientos pasan a la mente consciente, sentimos sus emociones.

No podemos escapar de nuestras emociones ni podemos reprimirlas. Si lo hacemos, pueden explotar en otras áreas de la vida. Esto es cierto para la ira. Es una emoción normal que todos sentimos y no es "mala" en sí misma. Puede motivarnos, pero también puede obstaculizarnos si no se maneja, como un volcán a punto de estallar.

Entre las cosas típicas que pueden enojarnos están los embotellamientos, la gente arrogante o grosera, que nos griten, alguien que nos haga perder el tiempo, tener que esperar demasiado por algo, sentir que nos han "usado", que nos mientan, que nos castiguen injustamente o nos acusen sin razón, tener demasiado en el plato o no gestionar nuestras emociones.

Creo que todos podemos recordar una ocasión en la que estuvimos justificadamente enojados y otra en la que dejamos que la ira nos dominara, por lo general cuando estábamos estresados, abrumados o quemados. Recientemente, estaba por acostarme cuando miré mis correos y vi un montón de cosas que se me habían pasado durante el día, tareas que realmente necesitaba hacer, aunque solo quería dormir. Esto me enojó mucho, lo que llevó a un estallido cuyo destinatario, por desgracia, fue mi esposo. En ese momento, todo se sentía tan abrumador y estaba tan enojada que solo quería salir corriendo y esconderme de todo y de todos.

Me frustré y me puse tan negativa que me sorprendí a mí misma. Me di cuenta de que este tipo de estallidos de ira se estaban volviendo un patrón en mi vida. Sí, tenía mucho encima, y eso podía excusar algo de mi conducta, pero no era saludable ni a corto ni a largo plazo. Así que, en ese momento, me detuve, retrocedí metafóricamente y me observé a mí misma y a mi comportamiento. Rebobiné hasta cuando más o menos comenzaron mis estallidos de ira, busqué su posible origen, sus desencadenantes y su frecuencia, y reconocí que necesitaba ayuda rápida antes de que esto se convirtiera en un problema mayor en mi vida.

La investigación ha mostrado que los estallidos repetidos de ira se acumulan; no solo nos vuelven bastante desagradables para quienes nos rodean, sino que también crean desorden en la mente, el cerebro y el cuerpo si no se manejan.[1] La ira prepara el cuerpo para la respuesta de lucha o huida, lo que da lugar a lo siguiente:

- Las glándulas suprarrenales liberan una oleada de hormonas del estrés como adrenalina y cortisol en el cuerpo.
- El cerebro desvía la sangre del intestino hacia los músculos en preparación para el esfuerzo físico.

- Aumentan la frecuencia cardíaca y la presión arterial, mientras la respiración se acelera para la respuesta de lucha o huida.
- Se eleva la temperatura corporal y aumenta la sudoración.

Esta respuesta está bien, en ráfagas cortas, si la provoca una "ira saludable". Agudiza la mente y el cerebro para lograr un objetivo, como defendernos de un ataque injusto. Por así decirlo, nos "enciende" y puede ayudar a canalizar nuestra energía de manera productiva.

Sin embargo, si se trata de ira no saludable, como la furia al volante, o de una ira que se deja sin manejar con el tiempo, esta respuesta de lucha o huida se distorsiona, y la inundación constante de químicos del estrés y los cambios metabólicos asociados pueden dañar muchos sistemas del cerebro y del cuerpo, afectando nuestra salud mental y física.

De nuevo, lo que debemos vigilar es la frecuencia a lo largo del tiempo. Basta con uno o dos estallidos de ira al día durante varias semanas (alrededor de 63 días[2]) para crear un hábito establecido, o un mecanismo de afrontamiento negativo, en nuestra vida.

Debido a que la emoción y la cognición están tan dinámicamente ligadas a la activación corporal (la conexión mente-cerebro-cuerpo) cuando estamos enojados, incluso de manera no consciente, esto afectará la forma en que nuestra mente, cerebro y cuerpo priorizan recursos, favoreciendo estados de acción a costa de pensar con claridad, tomar decisiones y elegir las palabras.[3] Cuando con frecuencia nos enojamos de esta manera, no solo se deteriora nuestra capacidad de pensar bien y decidir bien, sino también nuestra salud, ya que el cuerpo produce numerosas proteínas y hormonas que incrementan la inflamación, lo que puede elevar el riesgo de muchas enfermedades.

De hecho, pueden empezar a pasar muchas cosas malas en el cerebro si estamos crónicamente enojados. Tendemos a tener cada vez más dolores de cabeza y, con el tiempo, aumentamos el riesgo de accidente cerebrovascular. Las áreas de atención y procesamiento visual del cerebro también se vuelven más activas de lo normal, afectando la salud cerebral global.[4] Los estallidos de ira ponen a la amígdala, que es como una biblioteca que guarda nuestras percepciones emocionales y la información sobre las asociaciones entre experiencias y emociones, en un estado de sobreactivación. Cuando esto sucede, es un poco como correr por la biblioteca y agarrar libros caóticamente, sin lógica, lo que impacta nuestra capacidad de pensar, procesar emociones y experiencias y funcionar con el tiempo.[5]

Los estallidos frecuentes de ira pueden afectar los vasos sanguíneos del corazón, elevando potencialmente el riesgo de enfermedad cardíaca.[6] Esto ocurre porque la ira descontrolada provoca un aumento de hormonas del estrés llamadas catecolaminas, que incrementan la presión arterial y participan en el desarrollo de placa que obstruye las arterias; a lo largo de los años, esto puede conducir a enfermedad coronaria. Sin embargo, incluso un aumento repentino de catecolaminas durante un ataque de ira puede causar infartos, arritmias letales o un debilitamiento rápido del músculo cardíaco en sí, una condición conocida como miocardiopatía por estrés o síndrome del corazón roto.[7]

Nuestro tracto gastrointestinal (GI) también es muy sensible a las emociones, ya que está conectado con el hipotálamo del cerebro. También controla las sensaciones de saciedad y hambre, lo que significa que la ira no gestionada puede alterar nuestra capacidad para comer y digerir, así como alterar nuestro estado emocional, impactando la liberación de neuropéptidos en el intestino y la asimilación de nutrientes.

Además, como se mencionó arriba, la ira activa el sistema nervioso simpático, o sistema de lucha o huida, que desvía la sangre del intestino hacia los grandes músculos.[8] Esto hace más lento el movimiento en el tracto GI, lo que puede generar problemas como brechas entre las células del revestimiento intestinal; así, alimentos y desechos pueden pasar y crear inflamación que cause síntomas como dolor de estómago, hinchazón o estreñimiento. Cada vez vemos más investigación sobre este vínculo entre estados mentales emocionales y problemas gastrointestinales.

Así que decir que vale la pena "cazar" esos estallidos de ira antes de que empeoren las cosas es quedarse corto. Nos exponemos a todo tipo de problemas cuando dejamos que la ira nos controle, en lugar de aprender a manejarla en el momento.

Por supuesto, es mucho más fácil decirlo que hacerlo, porque los estallidos de ira son justamente eso: ráfagas repentinas e intensas de emoción que a menudo nos toman por sorpresa. Para ayudarte a procesarlos y gestionarlos, aquí tienes varias estrategias que puedes usar en el momento para que tu ira no se convierta en un hábito que afecte negativamente tu bienestar.

1. OBSERVA SI ES UN PATRÓN O UN CASO AISLADO

Lo primero es observar si esto es un patrón en tu vida o algo que solo ocurre ocasionalmente. Estas son algunas preguntas que puedes hacerte para determinarlo a lo largo de varios días o una semana:

- ¿Con qué frecuencia tienes estallidos de ira? ¿A diario? ¿Varias veces al día? ¿Casi a diario?
- ¿Hay una hora del día en la que esto suceda con más frecuencia?
- ¿Hay alguna persona, lugar o situación en particular que desencadene estos estallidos de ira?
- ¿La gente te ha comentado que pareces más enojado(a) e irritable de lo normal?
- ¿Ha habido algún cambio inesperado en tu vida recientemente que te haya alterado y te haga sentir fuera de control?

Puedes anotar estas preguntas para llevar un registro de lo que observes. También es útil conocer las señales tempranas de ira no controlada, que incluyen aumento del ritmo cardíaco, tensión muscular, puños apretados o pensamientos acelerados. Al identificar estas señales a tiempo, puedes aprender a intervenir y gestionar tus emociones antes de que la ira escale.

2. DATE ESPACIO

Si sientes una ira intensa, aléjate de la situación que la detonó. Tómate un descanso para calmarte y ganar perspectiva antes de abordar el asunto. Está bien decirle a alguien que necesitas tiempo para descomprimir antes de responder. ¡Pon primero tu salud mental y física!

Una gran manera de hacerlo es practicar la respiración profunda por unos momentos. Me encanta usar el ejercicio de la pausa de diez segundos:

- Toma una respiración muy profunda durante dos segundos, sintiendo cómo tu caja torácica se expande hacia afuera.
- Mantén el aire dos segundos.
- Ahora, suéltalo con un sonido de "whoosh" durante seis segundos.
- Repite esto, pero ahora añade la palabra "deja" y alárgala cuando inhales por dos segundos y mantienes la respiración por otros dos, luego añade la palabra "ir" y alárgala lentamente durante tu exhalación de seis segundos. Puedes hacerlo en voz alta o en silencio. Básicamente estás diciendo "deja ir" a lo largo de un periodo de diez segundos. ¡Puedes repetir esta secuencia tantas veces y tan a menudo como lo necesites!

La pausa de diez segundos es una gran forma de empezar a regular los estallidos de ira porque ayuda a calmar tus respuestas neurofisiológicas en el momento, lo cual es importante porque la naturaleza tan sensorial de la ira puede crear un bucle de retroalimentación difícil de romper una vez que comienza. La forma en que se siente el cuerpo cuando estamos enojados casi sirve para alimentar más la ira.

También puedes usar este excelente ejercicio de respiración para bajar tu presión arterial en el momento:

- Inhala durante seis tiempos.
- Exhala durante seis tiempos.

- Hazlo seis veces.
- Te recomiendo repetir esta secuencia hasta cuatro veces.

3. CAMBIA CÓMO RESPONDES

Cuando estés listo(a) para abordar el problema, procura comunicar tus sentimientos con calma y asertividad, sin hacer suposiciones sobre las intenciones de la otra persona. Usa enunciados en primera persona para expresar cómo te sientes sin culpar ni acusar. Por ejemplo, di: "Me sentí herido(a) cuando..." en lugar de "Me hiciste enojar cuando...".

La mejor manera de lograrlo es pensar de antemano lo que vas a decir y practicar este tipo de lenguaje cuando no estés enojado(a), hasta que con el tiempo se convierta en un hábito. Puede ser útil en muchísimas situaciones y relaciones, especialmente cuando necesitas desactivar una discusión o una conversación tensa.

4. CAMBIA TU MENTALIDAD

Una vez que te hayas calmado, piensa en cómo puedes replantear tu estallido de ira. Cambia de "Por esto estoy enojado(a)" a "¿Cómo puedo verlo de otra manera en este momento?" y "¿Qué puedo hacer al respecto?". En lugar de quedarte dándole vueltas a la ira, céntrate en encontrar soluciones. Pregúntate qué puedes hacer para abordar la situación o prevenir problemas similares en el futuro. Y recuerda pedir ayuda si sientes que la necesitas. Este enfoque proactivo puede redirigir tu energía de forma productiva.

Puedes hacerlo sustituyendo pensamientos negativos y hostiles por otros más racionales y equilibrados. Por ejemplo, cambia "Odio a estas personas" por "Odio lo que estas personas están haciendo y cómo me afecta. Quizás pueda comunicar esto de alguna manera".

También ayuda preguntarte en el momento si tu ira es proporcional a la situación. ¿Está justificada? Si la respuesta es sí, ¿por qué? ¿Qué puedes hacer al respecto? Si no, ¿cómo puedes trabajar tus respuestas? Familiarízate con cuestionarte a ti mismo(a) y tus propias intenciones: es una habilidad muy útil en muchas situaciones.

5. BUSCA LA CAUSA DE FONDO

A menudo, la ira frecuente es un signo de tristeza profunda o de miedo profundo. Para encontrar lo que puede estar en la raíz de tu ira, observa quién te enoja o en qué situaciones te enojas. ¿Cuál es el tema en común? Quizás sea el miedo a lo que pueda pasar si fracasas; por eso te enojas cuando la gente no rinde según tu estándar. Quizás sea la tristeza que sientes al perder tu sentido de libertad o de estabilidad, y ese duelo puede manifestarse como ira. Al trabajar con mi *Neurocycle app*, puede que encuentres una razón sorprendente detrás de tu ira.

Para descargar la *app Neurocycle*, visita www.neurocycle.app.

Tanto la app como la web las encontrarás en idioma inglés.

11

¡AYUDA, MIS REMORDIMIENTOS ME FRENAN!

Cada vez que pienso en los arrepentimientos, me vienen a la mente las palabras iniciales de la canción de *Florence and the Machine*, "Shake It Out", donde canta sobre los arrepentimientos que se acumulan como viejos amigos. Un arrepentimiento no gestionado puede hacernos sentir como si realmente estuviéramos avanzando a duras penas por un pantano sin final a la vista. Es una de esas emociones tan incapacitantes que puede ser difícil simplemente pasar el día, y ni hablar de avanzar o sanar. Es muy fácil sentir que nos estamos ahogando en nuestros "momentos más oscuros".

El arrepentimiento también es bastante insidioso. Tiende a perseguir muchas áreas de nuestra vida a la vez, a veces sin que nos demos cuenta hasta que ya es tarde. De repente, nos atrapa una tormenta de decepción, culpa, remordimiento, tristeza o impotencia, y nos quedamos preguntándonos cómo llegamos aquí exactamente y cómo podemos salir.

El arrepentimiento abarca muchas emociones humanas (principalmente tristeza, decepción y frustración), y puede dejarnos incapacitados e incapaces de sanar. Suele surgir de algo que ocurrió, algo que nos hicieron, una oportunidad perdida o tiempo perdido. Solemos descargar nuestros arrepentimientos sobre todo en nosotros mismos, torturando la mente con diferentes escenarios de lo que debió o pudo haber pasado, lo que puede tener muchas repercusiones negativas para la salud mental y física.

El arrepentimiento se siente terrible porque, por su naturaleza, nos hace pensar que había algo que podríamos haber hecho o dicho de otra manera, o alguna decisión mejor que podríamos haber tomado. A todo ese torbellino de emociones le suma sentimientos de culpa y vergüenza, lo que incapacita aún más nuestra capacidad de seguir adelante y sanar.[1]

Con el tiempo, esto puede afectar nuestro bienestar general, porque el malestar emocional que desencadena un arrepentimiento no gestionado puede desregular nuestras hormonas y el sistema inmunitario, haciéndolos vulnerables a la mala salud.[2] Estudios de imagen muestran una mayor actividad en áreas del cerebro como la corteza orbitofrontal medial, la corteza cingulada anterior y el hipocampo cuando experimentamos arrepentimiento.[3] Si permanecemos en este estado mental, esta elevada actividad puede desequilibrarse y contribuir a todo tipo de problemas en el cerebro y el cuerpo.

El arrepentimiento es un tipo de pensamiento contrafactual, o pensamiento de "podría haber/debería haber/hubiera".[4] Se centra en lo que podría haber sido o en alternativas a algo que sucedió en el pasado, y es algo que todos experimentamos en algún momento.[5] Los arrepentimientos son reconstrucciones de "lo que podría haber sido" con una mezcla de hechos y escenarios imaginados basados en el proverbial "si...".

Hay dos tipos principales de pensamiento "podría/debería/hubiera". El primero, los contrafactuales ascendentes, son alternativas mejores: imaginar un resultado más positivo si hubiéramos hecho algo diferente en el pasado, lo que hace que lo que ocurrió parezca más negativo. Por ejemplo: "Si hubiera aceptado ese trabajo, sería más feliz". Los contrafactuales descendentes, en cambio, son imaginaciones de alternativas peores, que hacen que lo que realmente ocurrió parezca más positivo.[6] Por ejemplo: "Si hubiera tomado esa carretera, podría haber salido herido en ese accidente".

Las investigaciones muestran que los contrafactuales descendentes pueden tener mejores efectos psicológicos que los ascendentes, pero la clave es el equilibrio.[7] Incluso un contrafactual descendente puede hacernos sentir peor porque vemos lo que podría haber sido, lo cual puede generarnos ansiedad y malestar y llevarnos a una espiral de rumiación negativa sobre el posible daño que podría haber ocurrido. Sin embargo, un equilibrio de pensamiento contrafactual ascendente y descendente puede hacernos sentir más preparados para el futuro si convertimos lo que pasó en una experiencia de aprendizaje. Así, los arrepentimientos no siempre son negativos. Pueden impulsarnos a la acción positiva; por ejemplo, podemos lamentar no haber aprendido cierta habilidad que terminamos necesitando, lo que puede motivarnos a hacerlo ahora y ayudarnos en el futuro.

Los arrepentimientos son 100 % normales. La vida está llena de decisiones, muchas de las cuales salen mal. Incluso la vida "mejor vivida" no es perfecta. En muchos sentidos, el arrepentimiento es inevitable. Algunos de los arrepentimientos más comunes tienen que ver con la educación, la carrera, el romance, la crianza, el yo y el ocio, que, como sabemos, son experiencias continuas y orgánicas llenas de decisiones y posibles errores.[8] Estos arrepentimientos, si se gestionan, pueden ayudarnos a aprender de nuestros errores al permitirnos ver posibilidades y resultados potenciales, lo que nos da mejores datos para tomar decisiones más informadas.[9] Mirar atrás de forma sana, para aprender algo sobre nuestro yo actual y futuro, puede ayudarnos a conceptualizar y realizar nuestro "yo ideal" en el futuro, así como a manejar el arrepentimiento en el presente al enfatizar nuestra capacidad de crecer y sanar.[10]

Es importante recordar que la vida es un proceso de construcción narrativa, una historia en desarrollo de experiencias, decisiones y posibles arrepentimientos. Mirar atrás puede ayudarnos a ver que hicimos lo mejor (o lo peor) en un momento dado, según la información que teníamos y quiénes éramos entonces. Siempre conviene recordar que tomamos decisiones basados en la información disponible en ese momento, y que a veces la mejor lección que podemos extraer del arrepentimiento es ser realistas sobre las expectativas y limitaciones que enfrentábamos en esa situación y etapa de la vida. Contextualizar las decisiones pasadas de este modo puede ayudarnos a comprender nuestro arrepentimiento hoy, darnos un sentido de autonomía y mejorar nuestro bienestar al mostrarnos cómo podemos aprender y crecer a partir de esas experiencias, y también cuánto hemos avanzado ya en la vida. A esto lo llamo entrar en el "arrepentimiento positivo": usar nuestra tendencia a mirar al pasado para ayudarnos a prepararnos para el futuro. Como me gusta decir, no hay emociones "malas", solo información.

A continuación, encontrarás varios consejos para guiarte en cómo manejar tus arrepentimientos en el momento en que te descubras fijado en ellos hasta el punto de distraerte de tu vida diaria, mantenerte atrapado en el pasado y afectar tu capacidad de funcionar y tu salud. Te ayudarán a convertir esas espirales en "arrepentimiento positivo", cambiando cómo el pasado impacta tu presente y tu futuro.

1. DESARROLLA UNA MENTALIDAD DE POSIBILIDADES

Una mentalidad de posibilidades percibe todo tipo de opciones y potencialidades en cualquier situación. Es intrínsecamente esperanzadora y puede ayudarte a replantear el arrepentimiento como parte de tu camino hacia un destino futuro que sea mejor.

Cuando abrazas una mentalidad de posibilidades, ves los escenarios de "podría haber" y "hubiera" como posibilidades que pueden o no haber ocurrido y que te aportan información enriquecedora que puede ser útil para ti u otra persona en el futuro. Esos arrepentimientos se convierten en datos que amplían tu experiencia, en lugar de un ariete para machacarte.

Ser capaz de ver posibilidades en medio de tus arrepentimientos lo cambia todo. Transforma tu manera de pensar y te permite seguir escribiendo tu historia. Para practicarlo, no te permitas ver tus arrepentimientos como fracasos que definen quién eres. Míralos como posibilidades que no se materializaron y de las que aún puedes aprender para abrir futuras probabilidades. Visualiza estos escenarios como oportunidades donde adquiriste conocimientos que te ayudarán en el futuro.

Para convertir esto en un hábito, practica de forma deliberada e intencional ver posibilidades en cada arrepentimiento que tengas y escríbelas; esto te ayudará a organizar tu pensamiento. Usar un formato de tabla es una gran manera de hacerlo. Intenta ver al menos tres posibilidades por cada arrepentimiento que experimentes. Esto te ayudará a empezar a ver que la vida es más que una sola dirección o camino.

Cuanto más lo hagas, más te encontrarás aplicándolas en tu vida. Empieza primero con arrepentimientos más sencillos para fortalecer tu resiliencia y poder enfrentar aquellos mayores a los que te has estado aferrando.

Por ejemplo, quizás estás teniendo dificultades económicas como emprendedor y te descubres lamentando todo lo que hiciste mal o podrías haber hecho mal, y preguntándote si tu negocio sobrevivirá los próximos meses. Para pasar a una "mentalidad de posibilidades", primero reconoce cómo te sientes y por qué. Observa cómo empiezas a entrar en una espiral de arrepentimiento y cómo esto te pone ansioso, molesto y aún más abrumado.

Luego, anota los arrepentimientos que tienes en un lado de una hoja o en un documento en tu computadora o dispositivo, lo que te funcione. Por ejemplo: "Cuando contraté a cierta empresa para hacer una tarea, no hice la debida diligencia, confié demasiado y perdí dinero porque terminaron cobrando de más".

Después, en el centro de la página, junto a cada arrepentimiento, empieza a escribir todo lo que has aprendido de esa experiencia, incluso si es solo lo que no debes hacer. Por ejemplo, puedes apuntar que en el futuro necesitas hacer más preguntas y conseguir por escrito procedimientos, costos y cronogramas por adelantado.

En una tercera columna, del otro lado de la página, escribe todas las posibilidades que genera ese arrepentimiento. Por ejemplo: "He aprendido muchísimo, incluyendo la necesidad de hacer más trabajo internamente —algo que ya he hecho— para ahorrar dinero y aumentar la eficiencia a largo plazo".

Por último, decide qué ayudaría a tu situación actual y qué necesitas para empezar a ponerlo en marcha. Por ejemplo, ¿dónde puedes optimizar operaciones para ahorrar dinero y aumentar la rentabilidad? ¿Qué más puedes hacer mientras recuperas las pérdidas?

2. EMPLEA LA INDULGENCIA CONTROLADA

La clave para usar el arrepentimiento a tu favor es analizarlo pero no recrearte en él; a esto me refiero con indulgencia controlada. Aunque no deberías rumiar el arrepentimiento, tampoco deberías ignorarlo. Date el espacio necesario para enfrentar tus arrepentimientos, pero no te permitas caer en una espiral. Reserva un tiempo específico para evaluar un arrepentimiento en particular y luego sigue con tu día. Durante ese tiempo:

- Nombra el arrepentimiento en voz alta (también puedes escribirlo).
- Reflexiona haciéndote preguntas de quién, qué, cómo y por qué. ¿De dónde viene? ¿Por qué? ¿Cómo te está afectando ahora?

- Intenta mirar el arrepentimiento desde otro ángulo, como si aconsejaras a alguien más que tiene este problema. ¿Cómo quieres que esto se desarrolle en tu vida? ¿Cómo vas a sanar y avanzar?

La clave aquí es no seguir "masticando" tu arrepentimiento. Más bien, necesitas encontrar una manera distinta de pensarlo que te ayude a seguir adelante. Recuerda que no puedes cambiar lo que te ha pasado, pero sí puedes cambiar lo que pasa en ti. Tienes control del ahora, lo que significa que puedes controlar cómo tu pasado influye en tu futuro.

Algunas buenas maneras de hacerlo son las siguientes:

- Encuentra una cita, canción, pasaje o frase que te inspire. Ponlo donde lo veas y léelo a menudo, especialmente cuando sientas que los arrepentimientos empiezan a tomar fuerza.
- Recuérdate que está bien fallar, hacer desorden y tener arrepentimientos; eres humano y forma parte del camino de descubrimiento. Estás descubriendo quién eres y qué quieres, y estás aprendiendo muchísimo.
- Por doloroso y frustrante que sea, y por mucho que quieras "retroceder el tiempo", intenta ver cada arrepentimiento como una pista sobre quién eres y cómo puedes reparar y crecer como persona.
- Cuando atravieses el dolor y la frustración del fracaso y te arrepientas de decisiones pasadas, a menudo no vemos lo que hay por delante; así que trabaja en enfocarte también en tu futuro. Date permiso para tener esperanza y soñar.

- Comprende que la mejor manera de dominar el arrepentimiento es abrazarlo por el mensaje que trae para ti como persona.
- Contrarresta el arrepentimiento en el momento con esta frase sencilla: "No te quedes atascado intentando tomar la decisión correcta; haz correcta la decisión". Esto te ayudará a recordar que con el tiempo todo se ve claro y que lo único que puedes hacer ahora es "hacer que lo ocurrido salga bien" y aprender para la próxima vez.
- Habla con alguien de confianza sobre tus arrepentimientos. Los pensamientos y las emociones pierden intensidad y poder cuando se dicen en voz alta, especialmente si se los dices a otra persona, porque puede ofrecerte una perspectiva diferente.

A continuación tienes una tabla para ayudarte a organizar esta información mientras aprendes a gestionar el arrepentimiento que sientes. También puedes crear la tuya propia, si quieres, o usar el código QR al final del capítulo para descargarla.

RECONCEPTUALIZANDO MIS ARREPENTIMIENTOS			
Arrepentimiento	**¿Qué ocurrió en el pasado que te llevó a este arrepentimiento?**	**¿Qué está ocurriendo en el presente que te lleva a este nivel de arrepentimiento?**	**¿Cómo quiero que este arrepentimiento influya en mi futuro?**

Arrepentimiento	¿Qué ocurrió en el pasado que te llevó a este arrepentimiento?	¿Qué está ocurriendo en el presente que te lleva a este nivel de arrepentimiento?	¿Cómo quiero que este arrepentimiento influya en mi futuro?

3. USA LA VENTAJA DE PERSPECTIVA MÚLTIPLE

Nuestras decisiones suelen estar influidas o dirigidas por el recuerdo emocional más intenso asociado al pensamiento más fuerte que se activa en ese momento. Así es como los arrepentimientos pueden tener tanto poder sobre nuestras decisiones presentes y mantenernos atrapados en el pasado.

Una forma de ayudarte a manejar ese empuje emocional tan fuerte es practicar "salirte de ti" con una técnica que llamo Ventaja de Perspectiva Múltiple, o MPA por sus siglas en inglés. Te permite objetivar, externalizar y tomar distancia de una situación para ganar una mejor perspectiva, lo que puede ayudarte a evaluar tus propios sentimientos y emociones en torno al arrepentimiento que estás enfrentando y a encontrar el valor para avanzar.

Una gran manera de practicar esto es usar dos sillas y moverte de una a otra, como si fueras un amigo o terapeuta que se asesora a sí mismo. Di el "arrepentimiento" en una silla, luego muévete a la otra y "aconseja" tu caso, hablando de cómo podrías ver esta situación de otra manera. Si no tienes dos sillas, puedes visualizarlo o simplemente cambiarte de lugar. Haz lo que te funcione.

Otra forma útil de gestionar tu arrepentimiento en el momento "saliéndote de ti" es usar lo que Edward de Bono llamó la técnica "Six Thinking Hats" (los "seis sombreros para pensar"), que consiste en mirar un problema desde seis perspectivas distintas. Esto puede ayudarte a observar la situación desde varios puntos de vista, lo que no solo te permite tomar distancia de tu reacción emocional, sino que también te da la oportunidad de calmar tu cerebro y tu cuerpo.

Sombrero negro. Usa una perspectiva negativa. ¿Qué lamentas? ¿Por qué se siente tan sombrío?

Sombrero azul. Piensa en grande. ¿Cuál es la mejor solución global para este arrepentimiento?

Sombrero verde. Piensa de forma creativa. ¿Qué maneras alternativas hay de ver este arrepentimiento?

Sombrero rojo. Mira la situación desde la emoción. ¿Qué te dicen tus sentimientos y qué te están haciendo? ¿Qué emociones te vendrían mejor hoy para avanzar?

Sombrero blanco. Observa la situación con objetividad. ¿Cuáles son los hechos?

Sombrero amarillo. Usa una perspectiva positiva. ¿Cómo puedes hacer que este arrepentimiento juegue a tu favor y no en tu contra?

Para descargar las tablas de este capítulo, visita helpinahurrybook.com/resources.

12

¡AYUDA, NO SÉ QUÉ DEMONIOS ESTÁ PASANDO!

Cuando atravesamos un momento difícil, es natural querer encontrar la ruta más fácil para salir de él. También es natural querer recuperar cierto nivel de control cuando todo parece desmoronarse. Queremos saber qué funciona, por qué pasó algo o por qué alguien hizo lo que hizo: una fórmula que nos diga qué hacer y elimine toda la ambigüedad de lo que nos ha ocurrido o nos está ocurriendo. Queremos algo "real", algo "seguro", que garantice que si hacemos tal cosa, sucederá y las cosas mejorarán.

Sin embargo, como ocurre tan a menudo en la vida, de lo único que podemos estar seguros es de la incertidumbre. Hay muchísimo que está fuera de nuestro control o que es desconocido. Uno de los elementos más extraños —y quizás irónicos— de la sanación es que a menudo encontramos soluciones y avanzamos cuando abrazamos esa ambigüedad y vaguedad; cuando aceptamos que no podemos controlar lo que nos pasa, pero sí podemos controlar cómo elegimos reaccionar.

Por supuesto, esto suena genial sobre el papel. ¿Quién no querría ponerlo en un adhesivo para el coche o en un imán de nevera? Pero la vida real es desordenada, y lo desconocido suele ser aterrador. ¿Qué se supone que hagamos cuando estamos mirando fijamente ese abismo? Abrazar la incertidumbre nos obliga a examinar, confrontar, preguntar, enfrentar y manejar nuestros miedos, lo cual puede ser liberador pero también increíblemente abrumador.

La incertidumbre también puede hacernos sentir que nuestra seguridad está en riesgo. Las cosas parecen tan completamente fuera de control que casi resulta desesperanzador. ¿Qué podemos hacer si ni siquiera sabemos qué demonios está pasando? Esto es casi como un virus, algo que parece poner en peligro nuestra supervivencia y disparar nuestro instinto interno de lucha o huida, especialmente si traumas pasados nos han hecho temer lo misterioso. Es muy natural que nuestra mente humana busque desesperadamente una razón, una explicación: cualquier cosa que ayude a racionalizar la aterradora o terrible incertidumbre provocada por algo que ha sucedido.

En muchos casos, la incertidumbre es desencadenante porque la sociedad nos hace sentir que, si no tenemos "nuestra vida en orden", es culpa nuestra. Desde fuera, sentimos presión por tener todo controlado todo el tiempo. La incertidumbre de la enfermedad es un buen ejemplo: a menudo se ve o imagina como un signo de debilidad moral, ética o espiritual.

Internamente, la incertidumbre puede hacernos sentir que nuestra cabeza es un caos. Nuestra psiconeurobiología funciona bien con equilibrio y coherencia, así que cuando tememos lo desconocido, experimentamos ese desorden de forma holística, de modo tangible, poderoso y real en toda nuestra mente, cerebro y cuerpo. No está "solo en la cabeza".

No es raro que reaccionemos ante la incertidumbre suprimiendo nuestros miedos a lo desconocido. Digamos, por ejemplo, que estás lidiando con una enfermedad misteriosa y sabes que tendrás que pasar por una serie de procesos diagnósticos y tratamientos incómodos que dan la sensación de que no aportarán respuesta alguna. Puede que finjas que no pasa nada y te mantengas superocupado para evitar el proceso de pruebas, o que hagas lo mínimo posible... hasta que tu cuerpo se impone y esas pruebas se vuelven inevitables. Estás practicando la supresión de lo que te ocurre y, antes de darte cuenta, han pasado tres semanas, luego seis, luego nueve, y has desarrollado el hábito de suprimir tu miedo a lo desconocido, lo cual solo te hace sentir peor mental y físicamente, mientras que lo desconocido no desaparece.

Es normal pensar que la incertidumbre apesta. Puede ser aterrador y horrible no sentir control. Pero si queremos avanzar en la vida, tenemos que darnos permiso para enfrentar la oscuridad y el misterio de la incertidumbre: dar ese primer paso. Esto lleva tiempo, pero es una habilidad que nos servirá mucho, porque lo desconocido es inevitable. O aprendemos a enfrentarlo, o dejamos que lo incierto nos empuje y nos arrastre en cualquier dirección.

Aunque no lo parezca, es posible sentirse más cómodo con la incertidumbre y usarla a tu favor. Del mismo modo que las náuseas, la sudoración y demás son formas en que el cuerpo se libera de materia tóxica, abrazar tu dolor mental y aceptar la incertidumbre que lo acompaña puede ayudarte a liberarte de una experiencia tóxica, ya sea un hábito negativo que has desarrollado o un trauma que has vivido.

Aquí tienes algunos consejos útiles y rápidos para ayudarte a hacer esto en tu vida cuando las cosas parecen tan inciertas o cuando no sabes qué está pasando ni qué pasará en el momento.

1. PRACTICA PONERTE "FUERA DE TI" (MPA)

Una técnica que mencioné en el capítulo anterior, la MPA (Ventaja de Múltiples Perspectivas), puede ayudarte a objetivar, externalizar y tomar distancia de una situación para obtener precisamente una mejor perspectiva. Esto puede ayudarte a evaluar tus propios sentimientos y emociones frente a la incertidumbre que estás viviendo y a encontrar el valor para avanzar.

La MPA puede usarse cada vez que sientas que no ves el camino por delante—cuando esos momentos son tan abrumadores que casi te paralizan. Tu red psiconeurobiológica está diseñada para responder a la MPA "encendiendo" el lóbulo frontal con muchas ondas gamma, lo que te ayuda a ganar claridad e *insight* (claridad, percepción profunda) ante una situación desafiante y avanzar de manera creativa y objetiva. A su vez, esto puede reducir el malestar físico y mental de la incertidumbre al devolverte algo de control incluso mientras enfrentas lo desconocido.

Finge que te estás hablando como si le hablaras a un amigo. Puedes hacerlo frente a un espejo, usando dos sillas y cambiando de una a otra mientras conversas con tu "amigo", o como te funcione mejor. Hazle a tu otro "tú" muchas preguntas de "por qué" y luego anota tus reflexiones para organizar tu pensamiento. ¡Incluso puedes imaginarlo como si fuera una escena de película!

Aquí tienes algunas preguntas sencillas para hacerte mientras lo haces; te ayudarán a que el dolor físico de la incertidumbre sea más manejable mientras piensas y respondes:

- ¿Qué temo? ¿Por qué?
- ¿Por qué las cosas se sienten tan inciertas? ¿Qué es lo desconocido en esta situación? (Intenta ser lo más específico posible).
- ¿Es algo que puedo controlar o que tuve bajo control?
- Si no es así, ¿qué puedo hacer para recuperar cierta sensación de control en mi vida? ¿Qué significa esto para cómo elijo reaccionar ahora mismo? (Ayúdate a resolverlo dándote consejos).

Mientras haces esto, piensa en la situación como un reto académico o deportivo: ¡no dejes de decirte a ti mismo "puedo con esto"! Recuérdate momentos en los que has tenido éxito para animarte a seguir. De hecho, cuando te cueste estar presente o mantener la energía, mirar al pasado te ayuda a ver cuánto has avanzado, a recuperar la paz y a encontrar esperanza en medio del caos.

Cuanto más lo conviertas en hábito, más podrás soltar el enfoque en lo negativo (por ejemplo, pensar siempre "esto terminará mal") y entender que esta vez las cosas pueden salir mejor.

También podrás cambiar y adaptarte a tus circunstancias, ajustando tus estrategias de afrontamiento y aprovechando lo que más necesitas para atravesar lo que estás viviendo.

Pero recuerda decirte que está bien luchar, porque así es como aprendes y creces. Mientras trabajas este ejercicio, haz espacio para lo incómodo. Recuérdate que habrá días difíciles y que eso es normal. No te culpes por tener reacciones normales ante los altibajos de la vida; hacerlo solo aumentará la sensación de agobio y desesperanza.

2. TEN UN PLAN PARA DESARROLLAR AGILIDAD MENTAL

Si empiezas a sentir cualquier tipo de miedo a lo desconocido, di: "Haré 'x' y 'y'". Esto es como presentar un examen; no sabes qué te van a preguntar, pero si estudias con suficiente amplitud y dominio, estarás preparado para todas las eventualidades. Como hay tantas cosas en la vida que son desconocidas, necesitas planear para distintos desenlaces. Puedes hacerlo buscando de forma activa pequeñas "incertidumbres" para aumentar tu tolerancia, exponiéndote gradualmente —a propósito— a lo desconocido y lo no planificado. Por ejemplo, podrías contactar al azar a ese amigo al que no ves desde hace tiempo, elegir a último minuto ir a un restaurante distinto, o despertar y decidir probar una rutina matutina diferente ese día.

También puedes usar técnicas de visualización para hacer esto, como imaginar que estás en una escena de película. Imagina los mejores y peores escenarios y luego planea cómo los manejarías para que, si suceden, no te tomen desprevenido. Por ejemplo, quizás has estado lidiando con un familiar difícil que te mantiene constantemente en alerta porque no estás seguro de cómo se comportará en una reunión familiar. Podrías visualizar todas las ocasiones pasadas en que interactuaste con este familiar y cómo las manejaste. Luego, imagina algunos escenarios diferentes que podrían ocurrir y visualiza cómo te ves manejándolos en función de tus éxitos previos con esta persona y de nuevas formas que has planeado para responder (por ejemplo, si quieres establecer más límites con esta persona). Así, esencialmente estás visualizando un escenario previsible y luego imaginándote gestionarlo de varias maneras.

Esto es diferente del pensamiento positivo. No finges que todo va a estar bien, y tienes un plan para cuando o si las cosas salen mal. Esta mentalidad contempla y planifica múltiples posibilidades, buenas y malas, en cualquier situación dada, asegurándose de que estés preparado para un desafío y no solo reacciones impulsivamente ante lo desconocido. Enumerarlas por escrito, ya sea en papel o en tu teléfono o dispositivo, puede ser de mucha ayuda. Cuanto más preparado estés, menos poder tendrá lo desconocido sobre ti.

Así es como debe hacerse paso a paso:

- Recuerda, visualizando con el mayor detalle posible (como si estuvieras en una escena de película) tus éxitos pasados al lidiar con la incertidumbre.
- Concéntrate en el hecho de que ya superaste eventos estresantes en el pasado. Hazlo con compasión; recuerda tratarte como tratarías a un amigo que atraviesa un problema similar.
- Ahora, visualiza qué hiciste en ese evento que te fue útil y qué te gustaría hacer de manera diferente la próxima vez. Escríbelo.

- Luego, visualízate aceptando la realidad de la incertidumbre en este momento presente. Puede sonar contraintuitivo, pero la aceptación, no la resignación, consiste en encontrarte con la vida donde está en el momento y elegir avanzar desde allí. Aquí tienes una buena cita del matemático John Allen Paulos para ayudarte con esto: "La incertidumbre es la única certeza que existe".[1]
- Ahora, cambia de preguntar por qué a preguntar cómo. Visualízate respondiendo a esto de tantas maneras como sea posible. Por ejemplo, en vez de "¿Por qué me está pasando esto?", intenta "¿Cómo puedo cambiar esta situación?".

3. ESPERA COSAS BUENAS

Aunque la vida pueda ser incierta, esperar que salgan cosas buenas de lo desconocido aumenta la probabilidad de que sucedan, porque tus expectativas están integradas en la estructura de tu cerebro y afectan cómo ves y percibes lo que ocurre a tu alrededor.

A esto lo llamo la mentalidad de expectativa. Planificas para lo mejor y para lo peor, como se mencionó arriba, pero esperas lo mejor. Gracias a la conexión mente-cuerpo, esta expectativa produce resultados neurofisiológicos reales en tu cerebro y tu cuerpo. Hacer esto fortalece tu psiconeurobiología, aumentando la posibilidad de que aquello que esperas realmente suceda. Cuando aprendes a esperar cosas buenas, con frecuencia empiezan a suceder cosas buenas, como un mejor estado físico y mental y un mejor rendimiento.

Esto no es simplemente pensamiento positivo. Esperas lo mejor, pero también piensas en lo peor que podría pasar y, acto seguido, consideras cómo podrías transformar eso en algo beneficioso y eliges enfocar tu atención en ello.

La mejor manera de hacerlo es reencuadrar cómo ves lo que ocurrió si lo peor llegara a suceder. ¿Cómo puedes verlo como una oportunidad de aprendizaje? ¿Cómo te ayudará a crecer? Por ejemplo, puedes centrarte en aspectos como de qué manera esto mejorará tu carácter y qué puedes aprender, incluso si lo peor ocurre y aunque lo único que aprendas sea lo que no debes hacer en el futuro, lo cual sigue siendo información increíblemente útil.

Reconceptualizar de esta manera es muy eficaz porque es un proceso autorregulado que compromete a todo el cerebro y el cuerpo y ayuda a cambiar tu forma de pensar de manera tangible (mediante el proceso de neuroplasticidad). A medida que reconceptualizas o reencuadras algo, sentirás que recuperas el control, lo que hace que tu neurofisiología trabaje a tu favor y no en tu contra, preparándote para el futuro independientemente de lo que realmente ocurra.

Esto resulta profundamente satisfactorio porque es un proceso creativo que te saca de una espiral negativa, lo que a su vez te hace sentir más fuerte mental y físicamente, más capaz y con más control. Como resultado, te desestabilizan menos los altibajos inevitables de la vida, y experimentas mayor paz interior y menos agitación al enfrentarte a lo desconocido. Y, una vez que dominas esto, te resulta mucho más fácil aplicarlo a todos tus asuntos: es el regalo que sigue dando.

De hecho, cuanto más lo practiques —especialmente cuando la incertidumbre a la que te enfrentas sea más manejable o cuando acabes de salir de un periodo difícil de incertidumbre—, más te ayudará cuando las cosas realmente parezcan desesperadas.

A continuación tienes una tabla que puedes usar para ayudarte a hacer esto. La última parte de la tabla es para que la completes en otro momento o si estás pensando en una situación o experiencia pasada y haces una especie de autopsia mental de lo ocurrido.

Por ejemplo, imagina que tienes un proyecto importante en el trabajo que determinará tu futuro en la empresa. Puedes planificar y hacer todo el trabajo, pero hay muchos factores fuera de tu control que te están estresando, haciéndote sentir mal, afectando tu sueño e impactando tu claridad mental. Esto, a su vez, te hace sentir peor y refuerza tus temores de que no tendrás éxito, aunque haya mucho en juego.

Alguien te recomienda tomarte un tiempo para descansar, calmarte y recordarte momentos en los que has tenido éxito en el pasado. Haces eso, pero decides ir más allá. Escribes qué es lo que te da tanto miedo. Luego escribes tu plan: qué harás si las cosas salen bien y qué harás si salen mal. Si el proyecto es rechazado o criticado, no perderás tu empleo, pero esa promoción con la que sueñas podría peligrar. Entonces pensarás en otras formas de volverte imprescindible para la empresa y en cómo puedes mostrar a la dirección lo que estás aportando ahora y lo que esperas aportar en el futuro. Te das cuenta de que quizás tome más tiempo de lo esperado, pero no vas a rendirte. Sabes que has puesto el trabajo; eso es lo más importante: los otros factores están fuera de tu control, así que no tiene sentido preocuparte por ellos. La clave es que tienes un plan si las cosas salen mal.

Sin embargo, también tienes un plan si las cosas salen bien, y eliges enfocarte en esto también. Cuando notes que empiezas a resbalar hacia una espiral de pensamientos negativos, te recuerdas tus expectativas y cómo esta experiencia está fortaleciendo tu mente, tu cuerpo y tu cerebro, haciendo más probable que suceda lo que esperas, y también haciendo más probable que, incluso si ocurre lo peor, puedas con ello. Puedes hacer que esta situación trabaje a tu favor y no en tu contra. Sí tienes control incluso cuando las cosas parecen tan fuera de control.

A continuación hay un ejemplo de cómo puede verse. También puedes escribirlo de otra manera que te funcione o descargar esta tabla con espacios para completarla usando el código QR al final del capítulo.

USANDO MI MENTALIDAD DE EXPECTATIVA

La incertidumbre	Mi plan	Mis expectativas	Qué pasó y cómo hice que esto funcionara a mi favor

La incertidumbre	Mi plan	Mis expectativas	Qué pasó y cómo hice que esto funcionara a mi favor

4. DESARROLLA TU CEREBRO

Trabajar tu condición mental desarrollando tu cerebro te ayudará a estar más abierto al cambio porque aumenta tu flexibilidad cognitiva, tu resiliencia y tu capacidad para afrontar retos. También reduce la incomodidad de la incertidumbre al ampliar tu base de conocimiento. Es menos probable que algo te parezca incierto cuando sabes más sobre la humanidad y el mundo que te rodea.

La "construcción del cerebro" consiste, básicamente, en utilizar tu mente para construir o "alimentar" tu cerebro de forma regular, igual que necesitas comer cada día para nutrir tu cuerpo. Es el proceso de alimentar el cerebro de manera constante con información nueva y desafiante (la "comida saludable") que después se "digiera bien", es decir, que se comprenda en profundidad.

El proceso en sí es increíblemente rápido. Los genes se activan en cuestión de minutos, y una sola neurona puede ganar miles de nuevas ramas dendríticas en muy poco tiempo. Esto era una de las primeras cosas que enseñaba a mis pacientes cuando estaba en consulta privada. Como mencioné arriba, es una herramienta poderosa; mis primeras investigaciones mostraron hasta un 75 % de mejora en el rendimiento académico, cognitivo, social, emocional e intelectual cuando las personas aprendían a construir su cerebro y a aprovechar el pensamiento profundo e intelectual.[2]

Cuando construyes tu cerebro, construyes tu resiliencia y tu inteligencia. Esto cambia la forma en que la energía fluye por el cerebro, optimizando su funcionamiento y su flexibilidad cognitiva. La construcción cerebral también utiliza los miles de nuevas "células nerviosas bebé" que nacen cada mañana al despertar, un proceso llamado neurogénesis. Si no usas estas células nuevas y no construyes tu cerebro, pueden acumularse desechos tóxicos en el cerebro que afecten tu estado de ánimo y tu sueño. También puede disminuir la resiliencia del cerebro, aumentando tu vulnerabilidad ante lo desconocido.

Así que, cada día, tómate tiempo para construir tu cerebro: escucha pódcasts, lee libros (de ficción o de no ficción) o noticias, aprende un idioma o lo que te apetezca. Prueba cosas nuevas, sobre todo algo que te suponga un reto. Al principio puede dar miedo, pero con el tiempo esa sensación de "principiante" se irá. Como con el ejercicio, cuanto más lo haces, más fuerte te vuelves; cuanto más vivas una vida que dé la bienvenida a lo desconocido de esta forma pequeña pero eficaz, menos amenaza supondrá para ti.

Salir de tu zona de confort también es una gran manera de construir tu cerebro al exponerte a nuevas experiencias, nuevas personas, nuevas ideas y nuevas formas de vivir. Viajar puede adoptar muchas formas: no tienes que ir a un país extranjero para entrenarte a abrazar lo desconocido y lo incierto y ampliar tu visión del mundo. Incluso un viaje corto por carretera puede enseñarte mucho sobre cómo gestionar lo que sientes en situaciones nuevas y poco familiares, con el plus de aprender algo y construir tu cerebro.

5. TEN UN SISTEMA DE APOYO

Tener a alguien de confianza con quien desahogarte y a quien pedir consejo es fundamental si estás atravesando un periodo de incertidumbre. No solo te ayuda a no sentirte solo(a) ni amenazado(a), sino que también puede aportarte perspectiva y ayudarte a elaborar un plan de acción para afrontar la incertidumbre.

Esa persona puede ser un terapeuta, un consejero, un amigo o un familiar en quien confíes y con quien te sientas seguro(a). Al hablar de tus miedos, los externalizas, lo que facilita manejarlos porque dejan de estar ocultos.

Todos, en mayor o menor medida, tememos la incertidumbre y lo desconocido; es parte de ser humanos. No te dé vergüenza compartir tus miedos con quienes te inspiran confianza. Lo más probable es que no solo puedan ofrecerte otra perspectiva que te ayude a gestionar la incertidumbre, sino también identificarse contigo y compartir experiencias similares, lo que te hará sentir menos solo(a).

6. HAZ DEL AUTOCUIDADO MENTAL UNA PRIORIDAD

Leer ficción, divertirte, tomarte tiempo, hacer ejercicio, comer bien, hacer cada día algo creativo, dormir más, soñar despierto más, meditar o lo que sea que te ayude a relajarte y te dé alegría son, por extraño que parezca, excelentes maneras de prepararte para lo desconocido. Asegurarte de reservar tiempo para ti, sea como sea que eso luzca, te ayudará a fortalecer tu resistencia mental y tu resiliencia al estrés.

Esto es como una póliza de seguro: inviertes en los buenos tiempos para poder afrontar los malos. O, dicho de otro modo, se parece a lo que hacen los atletas para prepararse para un desafío como una competencia. Estás entrenando tu mente y tu cerebro para que los inevitables imprevistos de la vida te desequilibren menos.

Cuanto más conviertas el autocuidado mental en una prioridad en tu vida, más preparado(a) estarás para lo que venga. Esto no es egoísta ni egocéntrico. Si no te cuidas ahora —lo que incluye abrazar momentos de descanso y de alegría—, no podrás ayudar mucho ni a ti mismo(a) ni a los demás en el futuro.

Para descargar las tablas de este capítulo, visita helpinahurrybook.com/resources.

13

¡AYUDA, MI PASADO ME PERSIGUE!

El trauma infantil es un tema importante de conversación hoy en día, y con razón. Lo que vivimos cuando somos pequeños y apenas empezamos a encontrar nuestro lugar en el mundo, puede tener un gran impacto en nuestra salud mental, emocional y física en la adultez. De niños somos muy vulnerables, y nuestra comprensión del mundo y de nosotros mismos está influida por los adultos que nos rodean y por los acontecimientos que experimentamos.

Las investigaciones en este tema muestran cuán importantes son los sucesos adversos en la infancia para nuestra salud. Uno de los puntos de investigación más famosos en esta área es el estudio emblemático de principios de los años noventa con más de diecisiete mil personas, a quienes se les preguntó por experiencias negativas en la niñez y por su salud física y mental actual.[1] Este estudio descubrió que cuando los niños están expuestos a hormonas de estrés tóxicas como el cortisol y la adrenalina, esto puede tener un impacto profundo en su mente, cerebro y cuerpo.[2] Este estudio más tarde se conocería como el de Experiencias Adversas en la Infancia, o estudio ACE por sus siglas en inglés (Adverse Childhood Experiences).[3]

Las experiencias adversas en la infancia (ACE) son eventos traumáticos a los que los niños pueden estar expuestos, como abuso, negligencia, violencia doméstica, consumo problemático de sustancias o enfermedad mental. La exposición prolongada al trauma infantil se ha vinculado con todo, desde enfermedades del corazón y diabetes hasta alcoholismo, depresión y suicidio.[4]

Lamentablemente, este es un problema global. La investigación muestra que alrededor del 61.5 % de los adultos y el 48 % de los niños han estado expuestos a ACE.[5] La magnitud y el impacto son aspectos que todos debemos conocer para que cada vez más personas reciban la ayuda que necesitan para sanar y recuperarse.[6]

Si bien no se puede negar la realidad y el impacto de las experiencias adversas en la infancia sobre nuestra salud mental y física, centrarnos solo en lo negativo, o en lo malo que nos sucedió, puede de hecho ralentizar nuestro proceso de sanación. La investigación sobre la red mente-cerebro-cuerpo muestra que un enfoque excesivamente negativo puede distorsionar nuestras percepciones y, potencialmente, limitar nuestra capacidad para procesar lo vivido de una manera que no nos mantenga atrapados en el pasado.[7]

La red mente-cerebro-cuerpo tiene que ver con el equilibrio y con restablecerlo cuando se altera. Enfocarse únicamente en lo negativo suma a una carga ya excesiva de estrés tóxico originado por la experiencia adversa. Por eso es importante que mientras hacemos el trabajo de encontrar las causas raíz de nuestro malestar y de procesar y reconceptualizar lo que nos ha pasado, también aseguremos puntos de control positivos en nuestro camino de sanación. De lo contrario, corremos el riesgo de quedar atrapados en un ciclo de dolor y victimismo.

De hecho, hay investigaciones prometedoras que muestran que las experiencias positivas en la infancia (PCE, por sus siglas en inglés) pueden amortiguar los efectos negativos sobre la salud causados por la exposición a ACE.[8] Las PCE también pueden promover la sanación y la recuperación al activar nuestra resiliencia.[9] Esto indica que todas las experiencias de un niño —positivas y negativas— importan, por lo que no debemos considerar solo lo malo que nos ocurrió, sino también lo bueno. Todas estas experiencias afectan nuestra salud mental y emocional como adultos.

Algunas investigaciones incluso muestran que las personas con cierta exposición a ACE, si reportaron de tres a cinco experiencias positivas en la infancia, tuvieron un 50 % menos de probabilidades de depresión o mala salud mental en la adultez. Quienes reportaron de seis a siete PCE tuvieron un 72 % menos de probabilidades de enfrentar desafíos de salud mental en la adultez.[10] Estos hallazgos demuestran que las experiencias positivas en la infancia pueden tener un efecto acumulativo en los resultados de salud mental a lo largo de la vida y desempeñar un papel importante en nuestra sanación.

Enfocarnos constantemente en lo negativo puede saturar nuestras mentalidades hasta el punto de sentir que no tenemos opciones porque todo parece sin esperanza. Puede hacernos sentir frágiles, rotos e indignos cuando todo se ve tan sombrío. Y si estamos constantemente rodeados de mensajes que dicen que las experiencias adversas en la infancia equivalen a problemas mentales y físicos en la adultez, sin darnos mucha esperanza de poder avanzar en la dirección contraria, esto puede transmitir inadvertidamente el mensaje de: "¿Para qué intentarlo si de todos modos estoy tan dañado?". Tomar conciencia de un problema no basta y, a menudo, puede hacer que todo parezca peor.

También debemos tener cuidado de no equiparar adversidad con trauma, ya que no todas las dificultades son malas.[11] Esta perspectiva —ver todo lo "malo" como trauma— puede quitar rápidamente la alegría de cada momento. Como señala el periodista Gary Walsh:

> "Si bien el abuso y la negligencia siempre deben considerarse fundamentalmente incorrectos, traumáticos y prevenibles, no siempre se puede decir lo mismo de la adversidad. Todos experimentaremos adversidad en algún momento y, a menudo, en ella se encuentra fortaleza y esperanza. Nuestras respuestas a la adversidad pueden nutrir la resiliencia y las relaciones amorosas, y también definir nuestras identidades".[12]

Confiar solo en nuestros sentimientos también puede ser confuso. Cuando estamos procesando una emoción tóxica, es muy normal sentirnos "alicaídos", aunque tengamos que enfrentar esas emociones incómodas para poder sanar. Si no se manejan, esos sentimientos pueden propagarse como un virus, moldeando todos nuestros pensamientos y convirtiéndose en una gran mentalidad negativa que influye en cómo nos sentimos y afrontamos el resto del día, la semana, el mes, el año... hasta que se enfrenta, se procesa y se reconceptualiza.

Los pensamientos pueden distorsionarse con rapidez si solo nos enfocamos en lo negativo. Sí, es importante abordar los traumas del pasado y trabajarlos, pero cuanto más rumiemos sobre ellos, más poder tendrán sobre nuestra vida y menos esperanza tendremos para el futuro. ¡Todo es cuestión de equilibrio!

Por eso la investigación sobre PCE es tan esperanzadora. Comprender cómo interactúan con las experiencias adversas para ayudar a mitigar los efectos de las ACE es sumamente alentador y destaca realmente la plasticidad de la red mente-cerebro-cuerpo. Siempre debemos recordarnos que el cerebro puede cambiar y sanar, como sugieren las PCE. Encontrar algo bueno, aunque sea lo más pequeño, puede ayudar a mitigar el enorme impacto que las experiencias no resueltas de la infancia pueden haber tenido en nosotros o que podríamos estar transmitiendo a nuestros propios hijos.[13]

Debemos evitar mirar nuestra infancia en términos binarios de "o esto, o lo otro", o simplemente como buena o mala. Un enfoque más saludable es ver el pasado como "ambos/y". Nos sucedieron cosas buenas y malas, y necesitamos centrarnos en el panorama completo y complejo si queremos encontrar sanación. Salvo experiencias traumáticas obvias e inaceptables, la mayoría de los niños crecen con algún impacto negativo del estilo de crianza que recibieron porque los padres son humanos. Muchos hacen lo mejor que pueden en el momento y están lidiando con los efectos de su propia crianza.

Por supuesto, tenemos que trabajar el impacto de lo que vivimos al crecer, pero, al mismo tiempo, en muchos casos necesitamos conservar un espacio de compasión hacia nuestros padres y tutores, reconociendo los desafíos que ellos también enfrentaron. Por ejemplo, en mi propia vida, mi padre fue emocionalmente ausente, aunque siempre trabajó duro para proveer nuestras necesidades físicas. Parte de mi camino como hija y como madre fue comprender que su comportamiento provenía de sus propias experiencias: a los cuatro años lo enviaron a un internado y recibió poco cuidado afectivo o emocional de sus padres durante años. No excuso su falta de apoyo emocional ni mis propias necesidades como niña de recibir ese cuidado y consuelo, pero sí reconozco que, en cierta medida, hizo lo que sabía y lo que pensaba que lo convertía en un padre suficientemente bueno. Honro su memoria de la mejor manera que sé: reconociendo que fue humano, imperfecto, y que aun así me hizo sonreír y me dio algunos de mis recuerdos más preciados.

Cuando enfrentamos nuestro pasado, lo clave es recordar que no es un juego de suma cero, y que enfocarnos solo en lo negativo o ignorar lo malo que nos pasó no nos ayudará a sanar ni a avanzar. De hecho, cualquiera de los extremos puede mantenernos atrapados, afectando no solo nuestro presente sino también nuestro futuro, y haciéndonos más vulnerables a problemas de salud mental y física.

Como profesional y defensora de la salud mental, soy muy consciente de cómo pueden afectarnos las experiencias adversas. Mi trabajo, investigación y plataforma se centran en ayudar a las personas a deconstruir y reconstruir esas experiencias para cambiar cómo se proyectan hacia el futuro. En parte, esto significa afrontar lo malo y lo terrible, pero no de una manera que termine dándoles más poder sobre nosotros. Quiero ver a las personas libres para vivir su mejor vida, y sé que esto es posible. Hay mucha esperanza, aunque el camino de la sanación sea largo y difícil.

Por eso enfatizo equilibrar lo bueno, lo malo y lo feo de nuestro pasado, lo cual nos ayudará a aprovechar el increíble pozo de resiliencia que tenemos como seres humanos: pidiendo ayuda, desarrollando relaciones de confianza, cultivando una actitud positiva, escuchando nuestros sentimientos y aprendiendo a abrazar, procesar y reconceptualizar los traumas pasados. Cuando aprendemos a hacer esto, podemos sentirnos empoderados para empezar a reescribir nuestra propia historia mientras encontramos una alegría y una sanación verdaderas y duraderas. Esto es algo que deseo para todos, y comienza en los momentos pequeños: esas luchas cotidianas que todos enfrentamos y que tienen el poder de mantenernos atascados en patrones y hábitos negativos si no aprendemos a gestionarlas. A continuación, encontrarás dos consejos de "ayuda rápida" para superarlos, cambiar el foco de lo meramente negativo y recordarte que la vida es más que cualquier ACE en tu pasado.

Estos pasos no están diseñados para sanar todo tu trauma —eso requiere tiempo y esfuerzo deliberado, y a menudo mucha ayuda profesional y personal—. Más bien, están ahí para asistirte en el momento cuando estás solo y te encuentras luchando con sentimientos de agobio, desánimo y desesperanza, esos momentos en que el pasado es tan paralizante que ni siquiera sabes dónde acudir o qué hacer.

1. EQUILIBRA TUS ACE Y PCE

Este primer consejo es más bien un ejercicio de autoevaluación para ver si, quizás, tienes alguna ACE (experiencia adversa en la infancia) que requiera atención; así podrás equilibrarla con tus PCE (experiencias positivas en la infancia) y no quedarte atascado enfocándote solo en lo negativo, lo cual —como se mencionó arriba— afecta tu capacidad de sanar.

ENCONTRAR MI EQUILIBRIO

Pregunta	Respuesta
¿Mi infancia fue totalmente mala? (Descríbelo).	
¿Puedo recordar y describir algunas experiencias positivas?	
¿Me ha influido la gran cantidad de exposición a la adversidad o a experiencias infantiles traumáticas? ¿Cómo?	
¿He equilibrado lo bueno con lo malo, o me he dejado arrastrar al enfocarme solo en lo negativo?	
¿Puedo encontrar el equilibrio entre comprender la adversidad de mi infancia y cómo me ha impactado, y los retos con los que lidiaron mis propios padres?	

Completar este primer ejercicio te llevará un poco de tiempo y es de naturaleza más proactiva. Está diseñado para ayudarte a (1) evaluar si te encuentras en un estado mental negativo debido a experiencias adversas de la infancia no gestionadas y (2) equilibrarlo con tus experiencias infantiles más positivas. El segundo consejo es algo rápido que puedes hacer en el momento para ayudarte a salir de una espiral de trauma; pero será más eficaz si antes has realizado esta autoevaluación cuando tengas más tiempo. Sin embargo, puedes omitirlo si sientes que no estás listo(a), o hacerlo con un terapeuta, consejero o amigo si crees que podría ser desencadenante. El Consejo 2, a continuación, es muy útil y funciona muy bien para cualquier estado mental negativo, no solo para tratar traumas pasados.

2. PRACTICA LA PROPORCIÓN DE PENSAMIENTOS 3:1

Aunque definitivamente necesitamos trabajar en lo que vivimos al crecer, al mismo tiempo debemos dejar espacio para lo positivo, y una gran manera de hacerlo es lo que llamo la "proporción 3:1". Esta es una técnica que uso a menudo para equilibrarme, y la encuentro extremadamente útil cuando todo parece abrumador. Consiste simplemente en enfocarte intencionalmente en lo positivo para equilibrar lo negativo en una proporción de 3:1. Puede usarse para cualquier situación negativa, no solo para las ACEs.

Por cada pensamiento negativo que te venga a la mente, junto con sus emociones, conductas y perspectivas, contrarréstalo con tres pensamientos positivos. Esto ayudará a mantener un equilibrio en las ondas de energía (cuántica) del cerebro para que puedas pensar con claridad, fortalecer tu resiliencia y reorganizar tus patrones de pensamiento.

Así que, cada vez que tengas un pensamiento negativo, no lo suprimas; más bien úsalo como un aviso para pensar en tres experiencias positivas de tu infancia. Esto no significa que estés ignorando lo que te ocurrió; más bien, estás manteniendo el equilibrio de tu mente, cerebro y cuerpo para poder sanar lo que te pasó en lugar de permanecer atrapado en el pasado.

Básicamente estás usando el pensamiento negativo como un disparador del bucle de hábito para ayudarte a reconocer qué necesitas cambiar mientras "amortiguas" o mitigas los efectos que ese evento negativo tiene sobre tu bienestar general. No se trata de cambiar lo negativo por lo positivo. Se trata de usar lo positivo para ayudarte a enfrentar y superar lo negativo.

¿Por qué una proporción 3:1? Las investigaciones de la Dra. Barbara Fredrickson indican que existe un punto de inflexión de al menos tres a uno en términos de positividad frente a negatividad para mantener el cerebro y el cuerpo en equilibrio.[14] Los estados emocionales tóxicos pueden generar demasiada energía beta alta y gamma alta, que nos hace sentir fatal y provoca que la energía en el cerebro se agite violentamente como un tsunami, algo que vemos como manchas rojas, o focos, en los mapas cerebrales del qEEG (electroencefalograma cuantitativo).[15] Para reequilibrar esta energía, la mente no consciente capta nuestra atención a través de señales de advertencia emocionales y físicas para decirnos que lo reparemos, y esa reparación exige gestionar en qué ponemos el foco.

Mientras haces este ejercicio, es importante recordar que un pensamiento o emoción negativos no son necesariamente tóxicos. A veces pensar, en el peor de los casos, durante un periodo limitado puede ayudarnos a prepararnos para lo desconocido, haciéndonos sentir más en control; también puede ayudarnos a ser más creativos, adaptables y realistas cuando afrontamos los altibajos de la vida.

También recomiendo fijar un límite de tiempo para cuánto dedicas a enfocarte en lo negativo. Menos de cinco minutos es lo que solía indicar a mis pacientes cuando ejercía.

A continuación encontrarás una tabla de ejemplos para empezar. Puedes usar una tabla como esta para listar tus pensamientos en una proporción 3:1, que también puedes descargar usando el código QR al final del capítulo, o puedes anotarlos en otro formato o decirlos en voz alta: ¡lo que mejor te funcione!

EJEMPLOS DE PROPORCIÓN 3:1	
Mi padre era físicamente y emocionalmente distante.	• Mi padre siempre estaba cuando lo necesitaba, aunque a veces fuera emocionalmente distante. • A menudo mi padre me sonreía cuando me dejaba en la escuela. • Mi padre mostraba lo orgulloso que estaba de mí cuando hacía algo bien, secándose pequeñas lágrimas de los ojos con una sonrisa.
Mis padres discutían mucho.	• Mis padres también se mostraban mucho amor entre sí. • Mi hermana mayor siempre me llevaba a su cuarto y me explicaba lo que estaba pasando, y luego veíamos una película o leíamos un libro divertido juntos. • Mis padres siempre venían a verme después de una discusión y me arropaban antes de dormir cada noche. Así me demostraban que yo les importaba.

Cuando era niño(a) sentía que mi familia tenía que evitar hablar de temas "profundos" o "difíciles".	• De niño(a), en mi familia pasábamos vacaciones increíbles. • Cada domingo mi familia hacía un almuerzo especial al que invitábamos a amigos y familiares, y eran momentos muy felices. • A medida que he ido creciendo he hablado más con mi familia, lo que me ha ayudado a procesar mucho de lo que pasó y ha mejorado mi relación con mis padres.

Para descargar las tablas de este capítulo,
visita helpinahurrybook.com/resources.

14

¡AYUDA, QUIERO AGRADAR A TODOS!

Es perfectamente natural querer caerle bien a la gente: nadie se despierta deseando ser rechazado o detestado. El deseo de relacionarnos y agradar es común, y en pequeñas dosis no es motivo de preocupación. Somos seres sociales, y la comunidad cumple un papel importante en nuestro bienestar mental y físico.

Pero… ¿cuándo es que ese anhelo natural nos convierte en personas complacientes? ¿Cuándo nuestro deseo de ser amados se vuelve tóxico y nos hace decir y hacer cosas que no son fieles a quienes somos ni a quienes queremos ser?

Es importante distinguir entre ser complaciente y ser pacificador. Un pacificador quiere restaurar el equilibrio y llegar a una resolución, e intenta ver el asunto desde todos los ángulos de forma racional y objetiva. Esta persona desea ayudar a otros; por eso, a veces estará dispuesta a decir la verdad aunque duela e incluso si quienes están involucrados no quieren enfrentar la realidad.

Una persona complaciente, en cambio, está más centrada en sí misma y teme la crítica. Tiende a ser hipersensible a la incertidumbre y al conflicto y siente un fuerte impulso por complacer a los demás. Como resultado, estará más dispuesta a sacrificar sus valores o su salud mental e incluso a cambiar su personalidad según con quién esté.

Esto crea un bucle de retroalimentación tóxico: quien complace busca aprobación debido a su baja autoestima, lo que a su vez reduce aún más el valor que se concede y debilita su determinación para plantarse ante la gente en el futuro. Esto puede ser peligroso; a veces otros perciben ese deseo de agradar y se aprovechan, llevando a la persona a decir y hacer cosas que van contra su integridad.

Sin embargo, la baja autoestima no es el único factor que puede conducir a complacer. Alguien puede temer confrontar a otra persona por lo que pueda decir o hacer y por cómo reacciona en general. Esto ocurre a menudo cuando tenemos un ser querido que lucha con problemas de salud mental, adicciones o rasgos de personalidad narcisistas. En estas situaciones, complacer suele ir de la mano con un fuerte deseo de mantener a esa persona en un lugar seguro, pero al hacerlo se ve comprometida nuestra propia salud mental. Si esto te está pasando, es importante buscar apoyo y orientación profesional o de alguien de confianza, además de aplicar las ideas y consejos de este capítulo, ya que estos conflictos pueden escalar con rapidez y causar mucho dolor y ansiedad.

En cuanto a la complacencia en general, es importante preguntarnos por qué tendemos a evitar tanto el conflicto. ¿Por qué no nos gusta no caer bien, al punto de ir en contra de lo que creemos o de nuestros propios valores? La respuesta reside en gran medida en nuestra naturaleza humana, que es el tejido central de nuestra red mente-cerebro-cuerpo: estamos diseñados para conexiones profundas y significativas, como ya mencioné. No ser queridos va en contra de nuestra naturaleza social; no lo entendemos, y eso no solo duele, sino que también nos hace sentir inseguros acerca de nosotros mismos.

En consecuencia, buscamos formas de reducir esa incertidumbre y ese dolor haciéndonos menos vulnerables. Es decir, buscamos maneras de congraciarnos con la gente para que nos acepten en su "grupo". Así, complacer se convierte en una especie de instinto de supervivencia: lo hacemos en parte para evitar enfrentar y tratar nuestros problemas de autoestima —un proceso doloroso— y en parte porque realmente necesitamos que nos quieran.

En última instancia, complacer, como cualquier conducta, con moderación puede ser algo bueno. Queremos ser amables y serviciales con los demás, así que un poco de "complacer" puede hacer que otra persona se sienta especial, siempre y cuando se haga con autenticidad, amabilidad y sin comprometer nuestros propios valores ni nuestro sentido de identidad. Pero complacer a otros puede descontrolarse y convertirse en un hábito negativo, especialmente cuando estamos en una posición vulnerable o lidiando con mucho dolor y trauma del pasado. Estas son algunas señales clave asociadas con ser complaciente:

- Te cuesta decir que no.
- Asumes trabajo extra con regularidad, aunque no tengas tiempo.
- Te sobrecomprometes con planes, responsabilidades o proyectos.
- Dices que estás bien cuando no lo estás.
- Evitas discrepar con la gente.
- Te reservas tu opinión honesta.
- Aceptas cosas con las que no estás contento solo para evitar molestar a alguien.
- Sientes presión por ser amable y simpático.
- Sientes que tus propias necesidades o deseos no importan en comparación con los de los demás.
- Sientes que otras personas se aprovechan de ti.

Cuando nos enfocamos en complacer, podemos terminar sacrificando nuestra identidad, nuestra moral y valores, y nuestra salud mental. Esto genera sentimientos de resentimiento hacia las personas a las que intentamos impresionar o mantener contentas, y podemos desarrollar rápidamente una sensación de victimismo al perder más y más de nuestra autenticidad, lo que a su vez puede formar un bucle de retroalimentación tóxico.

Cuanto más actuamos así, más fuerte se vuelve esa vía neuronal en el cerebro, y podemos acabar "enganchándonos" a complacer a pesar de cómo nos hace sentir. Obtenemos un "subidón" temporal al hacer feliz a alguien y seguimos haciéndolo para volver a sentirlo. Esta conducta adictiva crea desorden en la red mente-cerebro-cuerpo, lo que resulta muy disruptivo y afecta nuestra salud y bienestar.

También puede convertirse en una profecía autocumplida. Si sentimos que la gente no nos da la respuesta o la retroalimentación que necesitamos, tendemos a intentar complacer aún más, lo que disminuye todavía más nuestro sentido del yo y nuestra confianza.

Complacer le quita la oportunidad a nuestro yo de definir su propio camino, lo que solo alimenta la frustración interna. Esencialmente estamos actuando contra quienes somos. Esa frustración se agrava por el hecho de que las relaciones que formamos y cultivamos son inestables: las personas se sienten atraídas porque nos hemos cambiado para agradarles, algo insostenible a largo plazo. Con el tiempo, esas relaciones fracasan, dejándonos aislados y exhaustos, afectando más nuestra salud mental y restándonos motivación para conectar con otros.

Complacer es un tipo de disonancia cognitiva. Cuando nos mentimos y no somos fieles a quienes somos y a lo que queremos, se genera una "guerra" interna: lo que decimos y hacemos no concuerda con lo que pensamos o valoramos. Esto impacta nuestra salud mental y física. La falta de congruencia mental drena nuestra energía, provoca estrés tóxico y afecta la manera en que procesamos la información y construimos memoria, lo que nos predispone al caos neuroquímico en el cerebro y el cuerpo.

Está claro que quedar atrapados en un ciclo de complacencia no es divertido. Puede ser increíblemente disruptivo en la vida diaria, dificultando incluso tomar decisiones simples o saber qué hacer. Si esto te suena, a continuación hay varias estrategias que puedes practicar para recuperar el control en el momento y empezar a redefinir quién eres y qué quieres en la vida.

1. SÉ HONESTO CONTIGO MISMO

Sé que suena obvio y un poco trillado, pero cuando estás atascado en el hábito de complacer a los demás, ser honesto contigo mismo es, de verdad, el primer y más importante paso para romper el ciclo. Antes de poder cambiar y sanar, debes reconocer que necesitas cambiar, admitir que hay un problema y tomar conciencia de tus pensamientos y acciones cuando estás con otras personas.

Después de dar este primer y difícil paso, practica observar cómo te comportas durante un periodo de tiempo y qué dicen o han dicho otras personas sobre tu conducta. Sé muy amable y compasivo contigo mientras haces esto. Recuérdate constantemente que esto no es quién eres, sino en quién te has convertido y que puedes "desconvertirte".

Estos reconocimientos y observaciones son dolorosos e incómodos, pero no dejes que eso te desanime. Sintoniza con el malestar: esto te ayudará a reconocer la necesidad de cambiar y te mostrará dónde necesitas hacerlo.

Para lograrlo, te recomiendo llevar un registro de tus conductas complacientes durante una o dos semanas. Escríbelo en la siguiente tabla (que también puedes descargar con el código QR al final del capítulo) o usa el método que mejor te funcione. Hacer esto te ayudará a darle claridad a la situación y a organizar tu pensamiento para saber qué necesita cambiar.

MI REGISTRO DE COMPLACER A LOS DEMÁS

Incidente de complacencia	¿Cuándo? ¿Dónde? ¿Con qué frecuencia? ¿Alguien te dijo algo?

2. ANALIZA TU COMPORTAMIENTO

Si no estás seguro de si complacer a los demás es un problema en tu vida, abajo tienes una tabla que puedes rellenar para ver si muestras señales de ser una persona complaciente. También puedes usar cualquier sistema que te funcione mejor o descargar esta tabla con el código QR al final del capítulo. Si respondes "sí" a muchas de estas preguntas, recuerda que eres humano y que está bien no estar bien. Puedes aprender a dejar de complacer a los demás; este comportamiento no está escrito en piedra.

Una vez que tomes conciencia de cuánto se ha vuelto un hábito en tu vida, pregúntate quién, qué, cuándo, dónde, por qué y cómo. Por ejemplo, quizás tuviste una infancia difícil y sentías que nunca podías complacer a tus padres. ¿Tu deseo de que la gente te quiera proviene de tu relación con ellos? ¿O nace de otra relación negativa?

Esto te ayudará a llegar a la raíz del problema y empezar a trabajarlo para que no siga afectando tu día a día. Cuando ya eres consciente de lo que ocurre, puedes empezar a idear formas de cambiar cómo piensas sobre algo y practicarlo en tu vida. Siguiendo el ejemplo anterior: reconoces que complacer a los demás proviene de una relación negativa, y entonces puedes cambiar tu enfoque hacia relaciones más positivas en tu vida y pensar por qué esas personas valoran su tiempo contigo. Puedes enumerar lo que aman de ti y aquello de lo que te sientes orgulloso, y recordártelo cada vez que sientas la necesidad de comprometer tus valores para caer bien.

A la hora de cambiar un hábito tóxico, es fundamental que tus palabras y acciones estén alineadas con tus pensamientos; así que prepárate mentalmente, practica decir que no cuando notes el impulso de complacer a alguien y dedica más tiempo a definir e identificar lo que quieres y quién quieres ser. Nunca te sentirás en paz con que alguien no te quiera tal como eres a menos que practiques estar bien con el conflicto y la incertidumbre, y reconozcas que no a todo el mundo le vas a gustar, y eso también está perfectamente bien.

Si este paso te resulta desencadenante o doloroso, puedes hacerlo con un terapeuta, profesional de salud mental o alguien de confianza.

¿SOY UNA PERSONA COMPLACIENTE?

Pregunta	**Si la respuesta es sí, describe quién, qué, cuándo, dónde, por qué y cómo, y cómo te está afectando.**	**¿Qué puedes hacer en su lugar? ¿Cómo puedes cambiar la forma en que piensas y actúas?**
¿Haces cualquier cosa posible para evitar el conflicto, incluso si eso implica convertirte en una persona completamente distinta?		
¿Tu autoestima depende de cómo te ven los demás?		

Pregunta	**Si la respuesta es sí, describe quién, qué, cuándo, dónde, por qué y cómo, y cómo te está afectando.**	**¿Qué puedes hacer en su lugar? ¿Cómo puedes cambiar la forma en que piensas y actúas?**
¿Necesitas la validación de otros para sentirte bien contigo mismo(a)?		
¿Tu anhelo natural de ser aceptado(a) y querido(a) afecta cómo tratas a los demás o cómo permites que te traten?		
¿Dices y haces cosas que no son fieles a quien eres o a quien quieres ser?		
¿Llegas al extremo con tal de ganarte palabras de elogio de otros?		
¿Sientes que siempre tienes que decir que sí?		

Pregunta	Si la respuesta es sí, describe quién, qué, cuándo, dónde, por qué y cómo, y cómo te está afectando.	¿Qué puedes hacer en su lugar? ¿Cómo puedes cambiar la forma en que piensas y actúas?
¿Comprometes tu integridad para mantener la paz y evitar el conflicto?		
¿Alguna vez te sientes incómodo(a) con algo pero lo haces de todos modos?		
¿Alguna vez sientes que no tienes una identidad clara?		
¿Sientes que te faltan tu propia visión y tus propias metas?		

3. VUELVE A CONOCERTE

Cuando caemos en un patrón de complacer a los demás, es fácil perder de vista quiénes somos y qué amamos. Por eso, si complacer a las personas es un problema en tu vida, tómate el tiempo para volver a conocerte, y una de las mejores maneras de hacerlo es redescubrir lo que te gusta.

Algunas formas de hacerlo son:

- Piensa en los momentos en que fuiste más feliz o estuviste en paz e intenta recrearlos. ¿Qué los hizo especiales? ¿Cómo te hicieron sentir más "vivo(a)"?
- ¡Explora! Lee libros sobre todo tipo de temas para descubrir qué te interesa, escucha más pódcasts, mira series o documentales que disfrutes, aprende un idioma o una habilidad nueva que te entusiasme, inicia un pasatiempo que creas que te gustará, etc. Incluso si descubres que algo no te engancha como pensabas, el simple hecho de abrirte a cosas e ideas nuevas que te hagan sentir con vida y más en sintonía con quién eres y quién quieres ser empezará a romper esas cadenas de complacer a los demás que te frenan. Solo asegúrate de hacer estas cosas por ti y no por otra persona.
- Piensa en tu relación ideal: ¿cómo se ve? ¿Qué significa para ti ser feliz y ser tú mismo(a) junto a otra persona? Visualízalo y escríbelo. La próxima vez que tengas la tentación de complacer, mira lo que escribiste y recuérdate cómo luce una relación sana para ti. Recuérdate que vale la pena luchar por esto, incluso si se siente incómodo en el momento, lo cual es completamente normal y está bien.

4. PRACTICA PONER LÍMITES

Vi un meme gracioso en redes el otro día: una persona con cara triunfal y el pie de foto decía: "Los complacientes en su era villana cuando ponen un límite".[1] Para muchos complacientes (o personas en general) con solo decir no o poner un límite ya nos sentimos "los malos", aunque en realidad es justo lo contrario.

Los límites no van sobre la otra persona; van sobre nosotros: lo que somos capaces de hacer y lo que necesitamos para mantener o mejorar nuestra salud mental en ese momento.

Una de las mejores maneras de pensar en los límites es visualizar tres vasos y una piedrita. Un vaso es diminuto, como un caballito; otro es un vaso bajo; y el último es grande, como un frasco de vidrio. En el caballito, la piedra ocupa mucho espacio. En el vaso bajo, ocupa menos. Y en el frasco, casi no ocupa lugar.

Imagina que la piedra es un problema que estás afrontando, por ejemplo, una persona tóxica en tu familia, en el trabajo o en la escuela. El problema es real, como también lo es la piedra. Y si sientes que necesitas un límite, eso significa que percibes que esa persona (o personas) invade tu espacio personal, lo que puede tener repercusiones reales en lo físico y en lo mental. De hecho, cada interacción con esa persona añade más toxicidad a ese problema (esto está en el corazón de lo que significa sentirse "activado" o "desencadenado"). El asunto se hace cada vez más grande en tu mente y afecta más tu bienestar.

Una forma sana de manejar esta "piedra" y poner límites consiste en crear espacio alrededor del problema, no permitir que crezca. Eso te da perspectiva y te permite llegar a la raíz del asunto y trabajar para gestionarlo y reconceptualizarlo.

No puedes arreglar ni cambiar a la persona que te impacta negativamente; solo puedes responsabilizarte de tu propia respuesta —es decir, lo que eliges hacer y cómo eliges responder—. Usando la analogía de los vasos, esto significa mover la piedra del caballito, donde ocupa toda tu vida y lo consume todo, al vaso bajo, donde tienes más espacio y perspectiva para trabajar en ello. Luego, eventualmente, la pasas al frasco: gracias a límites saludables, ya no te define ni define tu bienestar. Allí ya has tenido espacio suficiente para trabajar, llegar a la raíz y aprender a manejar su impacto en tu vida y tratar a esa persona de manera sana. Estás avanzando hacia resolver el problema y encontrar la mejor manera de seguir adelante PARA TI.

Aquí tienes algunas formas de practicarlo:

- Cuando alguien te haga una petición o te pregunte algo, date tiempo para pensarlo en lugar de responder de inmediato. Una regla útil es concederte al menos 60 a 90 segundos antes de contestar, practicando respiración profunda mientras tanto para calmar tu mente, tu cerebro y tu cuerpo. Por supuesto, por texto o correo es fácil; cara a cara puede ser más difícil. Puedes decir: "Necesito un minuto para pensar", o excusarte e ir al baño unos momentos, especialmente si sientes el impulso abrumador de decir que sí o de estar de acuerdo. Usa ese tiempo para pensar de verdad qué necesitas y si lo que te piden se alinea con lo que puedes o quieres hacer.
- Si finalmente aceptas hacer algo, pon límites claros. Fija una fecha límite; haz saber que puedes hacer *una cosa* pero no *la otra,* etc. No dejes abierta o indefinida la conversación ni lo que la otra persona quiere, o podrías acabar drenándote. Tampoco dejes que otra persona dicte lo que deberías o no deberías hacer: tú conoces mejor tus capacidades y tus necesidades.
- Usa el espacio/la distancia para examinar por qué te sientes como te sientes. Hazte preguntas: ¿Por qué sentí la necesidad de complacer? ¿Por qué actué o respondí así?

¿Cómo me veo a mí y cómo veo este problema? ¿Qué límites puedo poner para ayudarme a superar este hábito?

Cuando creas un límite saludable, el problema sigue siendo el mismo, pero el límite crea el espacio que necesitas para mirarlo de otra manera, trabajarlo y reconceptualizarlo con el tiempo, encontrando así una vía para avanzar en tu vida. ¡Esto es clave! Aunque la otra persona reaccione mal, tú aún puedes controlar cómo te afecta, lo cual es tremendamente empoderador, aunque al principio poner límites se sienta difícil. Con suerte, la forma en que te gestionas y te vuelves menos reactivo también les impactará, y ellos mismos reconocerán que necesitan crear espacio para trabajar en sí mismos.

Para descargar las tablas de este capítulo, visita helpinahurrybook.com/resources.

15

¡AYUDA, MI CRÍTICO INTERIOR NO ME DEJA EN PAZ!

Enfrentar la crítica, sea justificada o no, es increíblemente difícil. Nadie quiere oír que lo que ha hecho se queda corto de alguna manera. Es muy fácil tomar las palabras de alguien, por bien intencionadas que sean, y verlas como una especie de juicio sobre nuestro carácter o nuestro valor personal.

Al menos, si viene de otra persona, todavía puedes crear cierta distancia entre lo que se dice de ti y cómo te sientes contigo mismo. Pero ¿y si el crítico eres tú? ¿Y si tú eres tu peor enemigo? ¿Cómo escapas de ti mismo, con quien estás 24/7?

Muy a menudo en la vida somos nuestros jueces más duros. Le damos a nuestro crítico interior rienda suelta sobre nuestros pensamientos, acciones y decisiones, dejándole moldear cómo nos vemos y cómo nos presentamos en la vida, y cómo esto impacta nuestra salud y bienestar. Todos hemos estado ahí: escuchando esa voz en la cabeza que nos dice que no somos lo bastante buenos o que no podemos hacer algo; nos juzga constantemente y nos encuentra deficientes. Puede ser increíblemente denigrante, tirándonos hacia abajo y dejándonos atrapados.

Cuando este diálogo interno negativo está tan arraigado, puede costar convencernos de que es algo malo, ¡pero lo es! Las palabras que pronunciamos generan energía que proviene de nuestros pensamientos e impacta nuestra red mente-cerebro-cuerpo.[1] Contienen poder y trabajan de la mano con nuestra vida de pensamiento porque hacen que los pensamientos "cobren vida", influyendo en las circunstancias de nuestra existencia. Si esos pensamientos son positivos, pueden conducir a cosas asombrosas. Si son negativos, podemos dar lugar a monstruos bastante aterradores, tipo Frankenstein, en nuestra mente.

Reflexionar sobre nuestros errores no es un problema, y de hecho puede ser una forma saludable de sanar y crecer; el problema es la hostilidad que puede acompañar a la autocrítica, que sí daña de verdad nuestra psique y salud. Cuando nuestra mente se marina en pensamientos autocríticos, el cuerpo libera una avalancha caótica de hormonas, elevando el cortisol y pudiendo desembocar en todo tipo de problemas si no se gestiona.

Hay muchos consejos por ahí que nos dicen cómo silenciar a ese crítico interno. ¿Pero es esto siempre útil? Lo que resistes, persiste. Cuanto más intentamos suprimir algo, con más fuerza intenta clavarnos sus uñas, dañando nuestra autoestima y nuestra capacidad de confiar en nosotros y en nuestras intuiciones, lo que puede terminar creando un ciclo de culpa y duda hacia uno mismo.

Nunca podremos deshacernos por completo de nuestros miedos y ansiedades personales. De hecho, en muchos casos pueden ser señales de advertencia perspicaces, dándonos información sobre nosotros mismos y sobre lo que sucede en nuestra vida. Cuando aprendemos a abordar y gestionar estas sensaciones —cuando aprendemos a responderle a nuestro crítico interno— podemos convertir una situación potencialmente tóxica en una oportunidad para aprender y crecer.

La clave es recordar que somos mucho más capaces y valiosos de lo que dice nuestro crítico interior. Las palabras que usamos al hablarnos tienen poder, pero no controlan nuestra realidad... a menos que se lo entreguemos. Es posible aprender a trabajar con nuestro crítico interno y gestionarlo, a la vez que reconocemos nuestra propia importancia y confiamos en nuestras decisiones.

Por supuesto, esto requiere trabajo duro y práctica, práctica, práctica. Como dice el refrán, Roma no se construyó en un día. Desarrollar un plan para entender de verdad cómo piensas, sientes y eliges, así como comprender mejor lo que quieres y necesitas como persona, puede ayudarte a mantener el enfoque, tomar decisiones informadas, enfrentar a tu crítico interior y aprender a enmarcar tu realidad con tus palabras.

A continuación encontrarás algunos consejos para ayudarte a gestionar tu relación con tu crítico interior y empezar a practicar esto en tu vida, especialmente en esos momentos en que tu autocharla parece estar destruyéndote desde dentro. Recuerda:

aquello en lo que más pienses crecerá. A medida que pongas en práctica estos consejos, presta siempre atención a dónde estás enfocando más tu mente. Si piensas algo como "Quiero creer que soy suficiente" mientras trabajas en la raíz de tu diálogo interno negativo, ese "quiero creer" acabará convirtiéndose en "creo".

1. DESCORRER LA CORTINA

Cuando estés lidiando con mucho diálogo interno negativo, imagina que corres una cortina y ves a tu crítico interior frente a ti como una hormiguita que te "grita" muy fuerte. Esto no solo crea distancia entre tú y tu crítico, sino que también hace que parezca menos abrumador.

Luego, imagina que le preguntas a la hormiga qué es lo que de verdad intenta decir y ponle un nombre. Puede sonar extraño, pero este acto sencillo ayuda a reducir la energía negativa asociada con esa "hormiga", y lo absurdo de nombrarla puede desactivar la tensión del momento para que te sientas menos estresado y abrumado.

2. VE TU DIÁLOGO INTERNO COMO UN MECANISMO DE PROTECCIÓN

Es natural experimentar miedo y autoacusación, sobre todo si en el pasado pasaste por situaciones que te pusieron bajo un estrés tremendo. Recuérdatelo cuando empieces a oír esa voz interior. Reconoce el miedo: trátate con gracia y compasión por haber intentado cuidarte entonces. Luego, recuérdate que ya no estás en esa misma situación y que no tienes por qué temer esa experiencia específica. Tu pasado y tu presente, aunque conectados, no son lo mismo. Repítetelo todo el tiempo que necesites, mientras respiras profundamente para calmar en el momento tu mente, tu cerebro y tu cuerpo.

3. NO INTENTES SOLO SILENCIAR LA VOZ: ¡CUESTIÓNALA!

Si somos completamente honestos, no siempre podemos controlar a nuestro crítico interior. Cuanto más intentamos acorralar esos pensamientos, más estrés podemos sentir, lo que puede empeorar la situación. Podemos llegar a sentir que nos estamos fallando si los pensamientos no "desaparecen".

Una estrategia mejor es cuestionar tus pensamientos en lugar de suprimirlos, como mencioné arriba. Si tu crítico interior te dice, por ejemplo, que vas a fracasar en algo, pregúntate por qué te lo dice. Intenta encontrar la evidencia detrás del pensamiento: conviértete en un "detective de pensamientos".

Después, intenta encontrar razones por las que no vas a fracasar. Concéntrate en los éxitos que has tenido en el pasado, no solo en tus fracasos. Recuerda las veces que superaste un desafío y celébralas. Por ejemplo, cambia una afirmación como "no soy lo bastante bueno" o "soy tonto" por "soy inteligente; ¡mira todo lo que he logrado hasta ahora! Que esto no haya salido bien no significa que lo demás tampoco vaya a salir. Ya lo he visto en mi vida cuando...".

Mientras haces esto, piensa de verdad en lo que tu crítico interior intenta decirte. ¿Qué te está señalando en tu vida? Abajo hay una tabla útil que puedes usar para esto (también puedes descargarla con el código QR al final del capítulo). Si lo prefieres, trabaja esto con un terapeuta, un profesional o alguien de confianza si te cuesta mucho y necesitas más perspectiva para abordarlo.

MI CRÍTICO INTERIOR			
Pregunta	**Respuesta**	**¿A qué apunta esto?**	**¿Cómo puedes replantear esto?**
¿A qué señala esto?			
¿Cómo puedes reformular esto?			
¿Cómo describirías tu vida?			
¿Luchas con diálogo interno negativo?			
¿Qué palabras usas para describirte y para describir tus experiencias de vida?			

Pregunta	Respuesta	¿A qué apunta esto?	¿Cómo puedes replantear esto?
¿Qué crees que perciben los demás de ti según las palabras que usas para describirte?			
¿Cómo hablas de tus fortalezas, logros y éxitos?			
¿Cómo te describirías a alguien que no te conoce?			
¿Qué palabras sueles usar para describir tus rasgos de personalidad?			
¿Hay palabras o frases que suelas usar al hablar de tus debilidades o desafíos?			
¿Notas algún patrón o tema en las palabras que usas para describirte?			

Pregunta	**Respuesta**	**¿A qué apunta esto?**	**¿Cómo puedes replantear esto?**
¿Cómo crees que tus autodescripciones impactan tus interacciones con los demás?			
¿Hay palabras o etiquetas que hayas adoptado de otras personas para describirte?			
¿Cómo te sientes cuando oyes que alguien más usa ciertas palabras para describirte?			

Anota lo que has observado sobre las palabras que usas para describirte y para dar forma a tu realidad. Puedes hacerlo durante varios días. Mientras trabajas estas preguntas, intenta pensar con profundidad en cómo esas palabras afectan tu realidad y cómo puedes cambiarlas para modificar tu diálogo interno y tu perspectiva.

La última parte de la tabla puede ser difícil de completar, así que aquí tienes preguntas útiles que puedes hacerte mientras avanzas:

- ¿Lo que me digo está basado en hechos o en suposiciones?
- ¿Qué evidencia tengo para respaldar o refutar estas afirmaciones?

- ¿Estoy siendo justo(a)?
- ¿Cómo puedo practicar más autocompasión y amabilidad conmigo mismo/a?
- ¿Le diría estas cosas a un ser querido o a un amigo en una situación similar?
- ¿Qué perspectivas alternativas podría considerar?
- ¿Hay creencias subyacentes o experiencias pasadas que estén influyendo en mi diálogo interno?
- ¿Cómo podría reformular esta crítica de una manera más constructiva o empoderadora?
- ¿Qué cualidades positivas o logros estoy pasando por alto?
- ¿Qué pequeños pasos puedo dar para desafiar y cambiar gradualmente esta voz crítica interior?

Puede parecer mucho al principio, pero este es un ejercicio muy útil para examinar y confrontar a tu crítico interior. En esencia, estás realizando una autopsia mental que —recuerda— consiste en analizar tus pensamientos y sentimientos y actuar como tu propio detective para identificar patrones, detonantes y activadores, de modo que puedas cambiarlos. Mientras trabajas estas preguntas, recuérdate que se trata de un proceso continuo que requiere práctica, paciencia, autocompasión y cambio. Es normal tener tropiezos en el camino, pero con esfuerzo constante y disposición para aprender de tus experiencias, puedes mejorar tu capacidad para regular tus emociones, pensamientos y conductas. Puedes aprender a escuchar, confrontar y gestionar a tu crítico interior en lugar de dejar que te controle.

4. DILE A TU CRÍTICO INTERIOR QUE SIGA ADELANTE

Puede sonar tonto, pero puedes responderle a tu crítico interior en el momento con un pensamiento sencillo, como: "Está bien, te escucho, pero no quiero atender esto, así que voy a seguir adelante", o "No, pero gracias por decírmelo".

Trata a tu crítico interior como tratarías a un niño asustado. Reconoce las pequeñas señales que te envía, pero centra tu atención en tus próximos pasos para evitar caer en una espiral descendente. Cuanto antes reconozcas un pensamiento, más fácil será dejarlo pasar, especialmente si recurres en ese momento a una distracción saludable para evitar rumiar: leer un libro, avanzar en una tarea, hacer algo de yoga, salir a caminar, escuchar un pódcast o algo similar.

No cedas a la tentación de seguir dándoles vueltas a esos pensamientos. Siempre puedes volver a ellos cuando te sientas más tranquilo y menos abrumado o estresado, usando la tabla y las preguntas de arriba para trabajar tu diálogo interno e ir a la raíz de tu pensamiento, de modo que puedas empezar a replantear cómo te ves a ti mismo.

5. CAMBIA TU ENFOQUE

Adquiere el hábito de recordarte que eres mucho más capaz y valioso de lo que dice tu crítico interior. Recuérdate que es posible aprender a trabajar con tu crítico interior y gestionarlo, al tiempo que reconoces tu propia importancia y tu valía y confías en tus decisiones.

A continuación, algunas formas útiles de practicar esto en el momento:

- Cuando tengas pensamientos negativos sobre ti, intenta mirarte al espejo y decir: "Quiero creer que no soy [pensamiento negativo]".
- Practica decirte: "Este [pensamiento negativo] no es quien soy. Solo estoy lidiando con un pensamiento poco saludable en mi mente, y estoy haciendo algo al respecto. Lo estoy volviendo saludable".
- Imagínate en tu lugar favorito haciendo tu actividad favorita; hazlo cada vez que el diálogo interno negativo empiece a tomar fuerza de nuevo.

Para descargar las tablas de este capítulo,
visita helpinahurrybook.com/resources.

16

¡AYUDA, ME ESTOY AUTODIAGNOSTICANDO OTRA VEZ!

Las etiquetas pueden ser algo increíble. Nos ayudan a sentir que tenemos cierto control sobre una situación, aunque sea solo el cajón de las especias de la cocina. Poner una etiqueta puede sentirse increíblemente terapéutico: quizás todo lo demás a nuestro alrededor se esté desmoronando, pero al menos esta parte de nuestra vida está organizada, sistematizada y categorizada.

Cuando se trata de la mente, etiquetar lo que estamos experimentando puede sentirse igual de terapéutico al principio. Cuando nuestra mente parece un desastre y nuestra vida luce igual de tumultuosa, ponerle un nombre y una razón a nuestro dolor puede sentirse como un regalo del cielo... hasta que deja de serlo.

Las etiquetas de salud mental son un arma de doble filo. Pueden darnos algo a lo que aferrarnos, pero también pueden encerrarnos, tomando las complejidades de nuestra vida e historia e intentando meterlas en una cajita prolija que no alcanza a contener la profundidad y la amplitud de lo que experimentamos como seres humanos que atraviesan el desorden de la vida. Muy pronto pueden volverse deshumanizantes, atrapándonos en el dolor y haciéndonos pensar que así será siempre nuestra vida porque hay algo intrínsecamente mal en nuestra biología. Estamos "rotos", así que ¿para qué intentarlo?

Por mucho que amemos las clasificaciones y los sistemas, también tenemos que respetar que tienen límites... y que pueden doler, especialmente cuando nos siguen a solicitudes de empleo o a la elegibilidad de un seguro, o cuando nos llevan a tener miedo de hablar de cómo nos sentimos por temor a que nos vean como "locos". Las etiquetas pueden brindar un poco de consuelo, pero debemos tener cuidado de no verlas como un punto final ni usarlas para evitar gestionar nuestra mente.

Sí, es maravilloso que como sociedad seamos mucho más conscientes de la salud mental y estemos también mucho más abiertos a hablar de ella en espacios públicos y privados. Por otro lado, junto con esta conciencia ha aumentado la cantidad de personas que se autodiagnostican y se autoetiquetan el dolor, especialmente en línea, lo que puede terminar causando mucha angustia en quienes piensan, porque vieron un video de TikTok, que tienen tal cosa y que vivirán con eso el resto de sus vidas.[1]

Estar bombardeados constantemente con cierto tipo de mensajes sobre salud mental puede llevar a muchas personas, especialmente a niños y adolescentes, a interpretar formas más leves de malestar como problemas de salud mental al verse a sí mismos a través del lente más reduccionista de una etiqueta, reduciendo la complejidad de sus experiencias a "debe de haber algo mal en mi biología" y desatendiendo el impacto del entorno en cómo vivimos la vida. Esto, a su vez, puede hacer que las personas experimenten un aumento real de síntomas de mala salud mental, porque la manera en que pensamos sobre nosotros mismos y percibimos nuestra salud puede tener efectos físicos reales en nuestra salud debido a la conexión mente-cerebro-cuerpo.

Como he reiterado a lo largo de este libro, aquello en lo que más pensamos crece, y nos fusionamos con nuestros entornos. Esto significa que las etiquetas nunca son solo etiquetas: al aceptar una, nos fusionamos con ella al pensar en ella, lo que afectará cómo nos percibimos y cómo percibimos nuestro bienestar. Por ejemplo, ver cada vez más el malestar leve como sintomático puede reducir nuestra tolerancia y resiliencia, haciendo que en realidad sintamos más malestar en un rango más amplio de situaciones que antes y exacerbando los sentimientos de estrés, ansiedad y agobio. Si nos bombardean con el mensaje de que tenemos un umbral bajo para las experiencias emocionales negativas y una capacidad pobre o reducida de autorregular nuestras emociones, entonces estaremos más inclinados a creerlo, lo que reduce nuestra capacidad para sentirnos mejor mental y físicamente.[2]

Cada vez más investigadores han estado estudiando este fenómeno. Lucy Foulkes, de la Universidad de Oxford, por ejemplo, fue una de las psicólogas principales en desarrollar la idea de la "inflación de prevalencia", que se usa para explicar, en cierta medida, cómo el aumento de mensajes sobre salud mental puede conducir a peores resultados en salud mental.[3] Aunque durante las últimas décadas en Occidente se han hecho esfuerzos extensos para aumentar la conciencia pública sobre los problemas de salud mental, parece que estos problemas en realidad han aumentado y no disminuido, como se supuso al principio.[4] La inflación de prevalencia intenta entender por qué sucede esto, incluido por qué las redes sociales en particular tienden a exacerbar esta tendencia. Foulkes sugiere, con base en su investigación, que el bombardeo de mensajes de concientización sobre salud mental ha empeorado las cosas de muchas maneras, porque la gente tiende a asociar cada vez más sus emociones y experiencias negativas con enfermedad mental, en lugar de verlas como la manera en que todos experimentamos los altibajos de la vida. Esta asociación puede llevar a un aumento del autodiagnóstico y la autoetiqueta y a una disminución de la capacidad para manejar la turbulencia normal de la vida.[5]

Cada vez más periodistas también informan sobre este problema.[6] Un artículo reciente de Zoe Cunniffe titulado "The TikTokification of Mental Health on Campus" es solo un ejemplo. Cunniffe señala que

> los jóvenes en campus universitarios y en otros lugares están siendo persuadidos para interpretar su vida cotidiana a través del lente de la enfermedad mental, a medida que los algoritmos los bombardean repetidamente con anuncios y otro contenido… [Este] "marketing" fomenta el autodiagnóstico y la adopción de trastornos como identidad al diluir la definición del

sufrimiento mental y, paradójicamente, minimiza la comprensión y la compasión hacia quienes realmente están luchando.[7]

Las cifras son asombrosas: las publicaciones de TikTok etiquetadas con #mentalhealth tienen más de 100 mil millones de vistas, y más del 60 % de quienes las ven son menores de treinta años.[8] Esta prevalencia del autodiagnóstico puede ser increíblemente problemática. Puede alentar a compartir en exceso asuntos profundos con personas que no conoces bien en línea, y tiende a romantizar los retos de salud mental mientras dificulta que muchas personas que están luchando obtengan el tipo de ayuda que necesitan.[9]

También hay mucha desinformación sobre salud mental circulando, lo que agrava aún más estos problemas.[10] Como tantos de nosotros estamos en línea, todos somos susceptibles a malentendidos y desinformación sobre salud mental.

Por supuesto, no todo son malas noticias en cuanto a salud mental y redes sociales. Existe un cuerpo considerable de investigación que muestra evidencia de que la participación en redes sociales puede ser una fuente de comunidad en la cual apoyarse cuando es difícil encontrar conexión.[11] El uso de redes sociales puede brindar una serie de beneficios sociales, de desarrollo y emocionales saludables, como abrir caminos para conectar con otros, aumentar la comprensión de uno mismo y fortalecer el sentido de conexión entre nuestros yo del presente y del pasado.[12]

Candice Odgers, vicedecana de investigación y profesora de ciencias psicológicas e informática en UC Irvine, es una de las investigadoras clave en esta área.[13] Señala que es importante "no transmitir a las familias —y a los adolescentes— el mensaje de que el uso de redes sociales, que es común entre los adolescentes y útil en muchos casos, es inherentemente dañino, vergonzoso y perjudicial".[14] Indica que muchas personas pueden encontrar "espacios de refugio en línea, especialmente cuando tienen identidades marginadas o carecen de apoyo en su familia y escuela". La realidad es mucho más complicada de lo que solemos pensar, especialmente cuando se trata de concienciación, etiquetado y apoyo en salud mental.

En última instancia, la clave está en cómo usamos las redes sociales y cómo nos relacionamos con la información de salud mental y respondemos a ella. Cada uno desarrollamos patrones individuales de pensamiento y acción basados en lo que hemos atravesado y en lo que estamos viviendo en el presente, lo que impacta la manera en que nos relacionamos con el entorno y cómo este nos impacta, ya sea en línea o en la vida real.

Esto es especialmente cierto cuando se trata de etiquetas y autodiagnóstico. Si nos sentimos atrapados y encerrados por lo que vemos, oímos o leemos, necesitamos hacer una pausa y preguntarnos por qué, y pensar en cómo nos fusionamos con nuestros entornos y cómo estos pueden afectar nuestra capacidad de gestionar tanto las tareas cotidianas como los grandes problemas de la vida.

Si sientes que esto es un problema en tu vida, a continuación encontrarás varias estrategias que puedes usar para manejar tus sentimientos en el momento, de modo que puedas sanar de verdad en lugar de encerrarte en una etiqueta o diagnóstico basado en lo que otra persona te dice.

1. REVISA TU ESTADO MENTAL ANTES DE INVOLUCRARTE O REACCIONAR

Si estás en un estado mental negativo cuando te relacionas con información sobre salud mental, será más probable que tomes decisiones pobres y reactivas que tendrán resultados negativos, especialmente si te desplazas sin rumbo en línea o por redes sociales. No necesariamente analizarás lo que estás leyendo/viendo y puedes terminar rumiando sobre lo negativo, convirtiéndolo en una realidad en tu vida.

Así que, cada vez que sientas que una etiqueta o un diagnóstico describe "exactamente" lo que estás viviendo, pregúntate:

- ¿Cómo estoy mentalmente en este momento?
- ¿Estoy en un estado mental neutral desde el cual puedo manejar aquello con lo que estoy interactuando?

Si no estás en un estado mental neutral, haz una pausa y cambia el enfoque para no terminar rumiando sobre lo que "podría" ser un problema, lo cual puede convertirse rápidamente en una profecía autocumplida que debilita tu resiliencia natural. Intenta hacer algo más constructivo, como leer un libro, avanzar en una tarea que necesites completar, salir a caminar, escribirle un mensaje a un amigo o cualquier otra cosa que te ayude a desconectarte de lo negativo.

2. PIENSA EN CÓMO PIENSAS

En nuestra era tecnológica, es fácil quedar atrapados en el pensamiento superficial. Estamos expuestos a tanta información a velocidades vertiginosas, a menudo sin las herramientas o habilidades necesarias para procesar y comprender con qué nos estamos involucrando o a qué nos estamos exponiendo.

El avance hacia una era de la información, con acceso fácil a caudales interminables de conocimiento, ha cambiado la forma en que pensamos, sentimos y tomamos decisiones. En muchos casos, es como si hubiéramos entrado en una época en la que sacrificamos la necesidad de procesar críticamente el conocimiento por acumular más y más datos. Sin darnos cuenta, nos estamos entrenando no para pensar en profundidad, sino para saltar a soluciones y abrazar opiniones de manera reactiva como "hechos".

Sin embargo, recopilar información sin procesarla y aplicarla va en contra de cómo funciona nuestra mente y de cómo está estructurado el cerebro. Esto puede tener un efecto perjudicial en nuestro bienestar y en nuestra salud mental y física, por lo que es tan importante practicar el pensamiento profundo tanto como sea posible. Esto puede traer muchos efectos positivos a nuestra vida, no solo en lo relativo al autodiagnóstico de nuestro dolor y nuestras luchas.

Para empezar a practicar esto en tu vida, el primer paso es volverte más consciente de cómo piensas. ¿Eres bueno recopilando datos (desplazándote de un titular, meme, publicación, comentario, artículo o información a otro sin detenerte a pensar en lo que estás leyendo o mirando) y de cómo eso te está afectando? Si es así, ¿con qué frecuencia lo haces? ¿Cómo está afectando tu percepción de ti mismo y tu salud mental? Llevar un registro de cuán a menudo lo haces puede ser una forma increíblemente útil de monitorear tu conducta y aquello en lo que necesitas trabajar.

A medida que aumente tu conciencia, practica el pensamiento profundo tanto como puedas para convertirlo en un hábito. Una de las mejores y más sencillas maneras de hacerlo es elegir algo que te interese y pensarlo de forma intencional y deliberada. ¿Qué está diciendo? ¿Qué significa? ¿Por qué me resulta interesante? ¿Hay un contraargumento o un punto de vista diferente y, de ser así, cuál me resulta más convincente?

Puedes hacerlo con cualquier pieza de información, como un capítulo o artículo, un pódcast, un documental, etc. La clave es involucrarte de manera lenta y deliberada, sin ceder a la tentación de llegar a una conclusión inmediata y apresurada ni saltarte algo para avanzar.

3. ACEPTA QUE TU CAMINO SERÁ DISTINTO

A menudo nos condenamos al fracaso cuando intentamos entender o seguir el proceso de sanación de otra persona. Esa es una razón por la que la industria del bienestar puede ser tan peligrosa: muchas personas aseguran que la sanación y la salud solo llegan cuando se siguen ciertas reglas (creadas por ellos) de determinada manera.

Pero, como he reiterado a lo largo de este libro, todos somos diferentes y tenemos experiencias de vida distintas que han moldeado quiénes somos. Cada uno lleva en la cabeza un verdadero universo complejo que las explicaciones, etiquetas y soluciones simples a menudo no alcanzan a abarcar.

Cuando se trata de lo que necesitas, de cómo sanas, de cómo superas los desafíos y de cómo enfrentas lo que te frena tanto en el momento como a largo plazo, recuerda que tú defines el terreno de juego. Tú estás escribiendo tu propia historia. Sí, puedes aprender de otros, pero si comparas y contrastas tu vida constantemente con lo que otro hace o dice, puedes perder de vista con rapidez lo que te hace ser tú y lo que realmente necesitas para avanzar.

4. RECONOCE QUE LAS ETIQUETAS NO SON BUENOS MECANISMOS DE AFRONTAMIENTO

Tu experiencia no necesita ser validada por una etiqueta ni por un diagnóstico. Tu malestar no tiene por qué definirse como una enfermedad. Tus luchas con la salud mental no constituyen toda tu identidad, aunque a veces te hagan sentir que sí. Cuando estés atravesando un momento difícil, recuérdate que, aunque las cosas estén duras y aunque la vida se sienta oscura y complicada ahora mismo, tus sentimientos y pensamientos negativos son normales: son humanos.

Tu historia no es una cosa que deba diagnosticarse y etiquetarse. Lo que estás viviendo ahora —estos sentimientos— son señales de advertencia que te indican que algo está ocurriendo y que necesitas atenderlo. Cuanto más puedas reconocer y acoger estas señales, más rápido podrás ir a la raíz de lo que estás experimentando y sanar.

Esto no significa que la mala salud mental no tenga efectos físicos reales en el cerebro y el cuerpo. Por supuesto que los tiene; la mente se mueve a través del cerebro y el cuerpo e impacta tu fisiología y neurofisiología hasta tu ADN. Pero no necesitas una etiqueta ni un diagnóstico para validar tu dolor, porque lo que sientes es válido independientemente de lo que diga otra persona.

Así que procura no usar una etiqueta como mecanismo de afrontamiento, ya que puede encerrarte con rapidez en lugar de liberarte para abrazar lo que estás viviendo. Si te han puesto una etiqueta, o sientes que cumples ciertos criterios, usa esa información para entender mejor dónde estás en tu vida y qué necesitas, y como un punto de partida para comprender cómo buscar ayuda y gestionar tu vida de mejor manera.

17

¡AYUDA, LA TECNOLOGÍA ESTÁ EN TODAS PARTES!

Creo que todos podemos coincidir en que la tecnología es un arma de doble filo. Puede mantenernos conectados pero también desconectados. Puede ayudarnos a trabajar pero también distraernos. Puede darnos alegría pero también deprimirnos. Puede ayudarnos a cuidar la salud pero también afectar negativamente nuestro bienestar.

No creo que haga falta enumerar los miles de artículos, estudios y otras fuentes que hablan de los pros y los contras de usar tecnología hoy. Estamos metidos de lleno en esto, especialmente con el auge de la inteligencia artificial y la rapidez con la que se ha vuelto parte de nuestra vida cotidiana. Hace un año casi no oía a nadie hablar de ChatGPT excepto a quienes "estaban en el tema". ¿Ahora? Está en todas partes.

Cuando se trata del uso de la tecnología y cómo nos afecta, es importante recordar que el cerebro es plástico, es decir, siempre está cambiando. Esto significa que nos fusionamos con nuestros entornos externos e internos: nos adaptamos y absorbemos lo que nos rodea y lo que llevamos dentro. El ritmo vertiginoso de la tecnología moderna puede tener un gran impacto en cómo nos sentimos mental y físicamente... si no lo gestionamos.

Ahora bien, también somos únicos, lo cual implica que la tecnología impactará a cada uno de manera diferente, ya sea en el sueño, el estado de ánimo, la forma de pensar, el nivel de distracción, etc. Me llama a cierta cautela aplicar afirmaciones generales sobre los efectos de la tecnología en la salud y el bienestar, porque hay muchos consejos e investigaciones contradictorios, y lo que funciona para una persona puede no funcionar para otra.

Tomemos solo el ejemplo del sueño y el uso de pantallas. A medida que avanza la tecnología, nuestra duración de sueño disminuye. O eso nos han dicho. Pero ¿están directamente conectados estos dos fenómenos? ¿Y aplica esto a todos los grupos de edad? En lo que respecta a nuestro ritmo circadiano, ¿el tiempo de pantalla siempre es malo?

Muchas personas han vivido esto en algún grado. Sin embargo, la evidencia recopilada en los últimos diez años muestra que el vínculo entre tecnología y sueño es mucho más matizado y complejo de lo que se pensó originalmente.[1] De hecho, los mecanismos que comúnmente se proponen para explicar por qué el uso de tecnología podría causar problemas de sueño (principalmente debido a la excitación y a la luz brillante) no están bien respaldados por la investigación.[2] La mayor parte de la atención en este vínculo entre sueño y tecnología se ha centrado en adolescentes y adultos jóvenes, y faltan estudios en niños más pequeños y adultos mayores, aunque sabemos que las edades se ven afectadas de manera distinta por el tiempo de pantalla y el uso de tecnología.[3]

Parece que no se trata tanto de la tecnología en sí, sino cómo la gestionamos. Por eso es importante averiguar cómo adaptar o personalizar las recomendaciones sobre el uso de tecnología y el sueño a lo que tú necesitas y cuándo lo necesitas. Sin embargo, como señala la periodista Alex Janin:

> Esto ciertamente no es un pase libre para pasar horas pegado al teléfono antes de dormir. Algunas personas pueden ser más sensibles a la luz azul que otras. Y a ciertas personas no les afectará el contenido estimulante, como los videojuegos, mientras que a otras incluso leer un libro impreso las mantendrá despiertas.[4]

En cuanto a la tecnología y el sueño, hay algo clave que recordar: la tecnología está diseñada para mantenernos enganchados, entretenidos y en un estado de flujo en el que perdemos la noción del tiempo, y esto nos afectará de formas distintas.

Por eso tenemos que mirar nuestra vida en contexto: el gran cuadro y los detalles. Volviendo al ejemplo del sueño y el uso de pantallas, y cuán "malo" podría ser el tiempo de pantalla para nuestros patrones de sueño, necesitamos hacernos preguntas como ¿ya tenía problemas de sueño que la tecnología empeoró, o el uso de tecnología causó mis problemas de sueño?

Algunos investigadores incluso han sugerido que para ciertas personas usar tecnología antes de dormir podría ser útil como forma de pasar el tiempo o como estrategia de regulación emocional para conciliar el sueño.[5] Por ejemplo, el confort de una serie favorita justo antes de dormir puede hacer maravillas para una persona... y mantener despierta toda la noche a otra.[6] Creo que lo fundamental es reconocer que la tecnología llegó para quedarse. En lo que respecta a nuestra salud y bienestar, necesitamos aprender a gestionarla más que a restringirla, y podemos hacer que juegue a nuestro favor. Esto implica evitar mensajes alarmistas del tipo "Así se verá tu cerebro después de ver equis horas de TV o de meterte a redes sociales", entender que la investigación sobre el uso de tecnología aún está en desarrollo y pensar en nuestra vida y nuestras necesidades en contexto.

Si notas que el uso de tecnología te distrae, te estresa y afecta tu bienestar, pero no sabes cómo solucionarlo, lo mejor es evaluar cada situación de forma individual, ya que eliminar toda tecnología de tu vida quizás no sea un lujo que puedas permitirte o siquiera que quieras, cuando todo esté dicho y hecho.

A continuación encontrarás varios pasos de "ayuda rápida" que puedes tomar si te sientes abrumado por la tecnología y no sabes qué hacer en el momento. No todas estas sugerencias te aplicarán, y está perfecto. Puede que algunas te ayuden a encontrar equilibrio ahora, otras te sirvan más adelante y otras le ayuden a alguien que conoces. Como vengo repitiendo, todos somos distintos y tenemos necesidades diferentes en cuanto a cómo, cuándo y por qué usamos la tecnología, y qué tan grande es el papel que juega en nuestra vida.

1. OBSERVA TUS HÁBITOS TECNOLÓGICOS

Obsérvate durante varios días y toma nota de cuánto usas la tecnología. La persona promedio pasa hasta ocho horas al día usándola, mientras que la investigación indica que algunos de los peores efectos de los dispositivos electrónicos parecen mitigarse cuando se usan menos.[7]

Si esto te suena familiar y sientes que estás batallando por estar "en línea" tanto tiempo, piensa en maneras de limitar o cambiar tu uso de la tecnología a lo largo del día. Algunas buenas ideas son cambiar el lector electrónico por un libro en papel; escuchar un pódcast, música o un audiolibro en lugar de ver televisión; pasar más tiempo al aire libre en tus ratos libres; jugar más con tu familia o con tus mascotas; tomar notas en papel en vez de usar la computadora o el *smartphone*; o mitigar algunos de los efectos más intensos del tiempo de pantalla, por ejemplo, usando gafas bloqueadoras de luz específica.

2. OBSERVA CÓMO DUERMES

Si sientes que la tecnología está afectando tu patrón de sueño por la noche, tómate el tiempo para definir tu patrón de sueño único. Intenta llevar un registro de tus hábitos durante una semana, incluyendo qué tecnología usaste y por cuánto tiempo, y cómo te sentiste al día siguiente.

A continuación encontrarás una tabla sencilla que puedes usar para llevar este control, la cual también puedes descargar usando el código QR al final del capítulo.

MI PATRÓN DE SUEÑO			
Día	**¿Cuánto tardé en dormirme?**	**¿Qué tecnología utilicé y por cuánto tiempo?**	**¿Cómo me sentí al día siguiente? ¿Cómo calificaría la calidad de mi descanso?**
Lunes			
Martes			
Miércoles			
Jueves			
Viernes			
Sábado			
Domingo			

Si sientes que el uso de la tecnología está afectando específicamente la calidad y la cantidad de tu descanso nocturno, piensa en maneras de reducir o cambiar cómo usas tu tiempo antes de dormir y al despertar. Algunas formas de hacerlo incluyen:

- Sé muy selectivo con lo que veas a la hora de acostarte si es que la TV es una parte importante de tu rutina. Opta por contenido calmado, relajante, humorístico y de ficción que sea menos estimulante, y ten cuidado con los "cliffhangers" (finales que dejan la historia en suspenso) y los programas de miedo. Recuerda que toda tecnología está diseñada para mantenernos enganchados, entretenidos y en un estado de flujo donde perdemos la noción del tiempo, así que la conciencia de qué ves y por cuánto tiempo es clave.
- A muchas personas les resulta útil dejar la tecnología fuera del dormitorio. Si eliges mantenerla dentro, pon tus dispositivos en modo avión o en modo No molestar, o desactiva todas las notificaciones que no sean importantes.
- Establecer un horario regular para acostarte y levantarte, lo cual ayuda a regular tu ritmo circadiano.
- Ser consciente de los algoritmos que te apuntan para mantenerte enganchado. Esta conciencia te ayudará a tomar mejores decisiones respecto a la cantidad de tiempo que pasas en línea y a lo que decides consumir antes de dormir.
- Intentar evitar revisar las redes sociales antes de acostarte o al despertar. La preocupación y la ansiedad por "perderte algo" pueden generar patrones de activación negativa antes de dormir y dificultar conciliar el sueño, mientras que empezar el día interactuando con la tecnología (como redes sociales o incluso correos electrónicos) apenas te levantas puede alterarte y afectar tu estado de

ánimo y tu capacidad para hacer lo que necesitas durante el día.

- Considerar el uso de una *app* o extensión que te ayude a reducir el tiempo en redes sociales, como *Forest*, que te ayuda a mantener el enfoque plantando árboles virtuales que crecen mientras te mantienes alejado del teléfono. Si sales de la *app* para entrar a una red social, tu árbol deja de crecer y puede marchitarse. Otra herramienta que me gusta es *StayFocusd*, una extensión de navegador que limita el tiempo que puedes pasar en sitios que te hacen perder el tiempo. Piensa en maneras de incorporar estas u otras opciones similares en tu vida.

3. TOMA MÁS "MOMENTOS PENSADOR"

Como se mencionó en capítulos anteriores, cuando nos tomamos tiempo para desconectarnos de lo que sucede a nuestro alrededor y simplemente pensar, mejoramos nuestra capacidad de enfocarnos, nuestra creatividad y nuestro estado de ánimo. Soñar despierto o simplemente dejar que la mente divague es algo que todos deberíamos hacer con regularidad, y puede ayudarnos a mitigar algunos de los efectos negativos de la tecnología cuando nos sentimos abrumados, estresados, olvidadizos o distraídos.

También es algo que podemos hacer rápidamente en el momento, y ayuda a calmar la red mente-cerebro-cuerpo. Esto puede ser muy útil en situaciones donde tenemos que involucrarnos con la tecnología, como en el trabajo o en la escuela, o cuando nos sentimos particularmente estresados por estar en línea, por ejemplo, si algo nos detonó en redes sociales o viendo TV.

Así puedes tener un "momento pensador" unas cuantas veces al día (o tan a menudo como lo necesites):

1. Piénsate como actor, director, guionista y audiencia de una representación mental, tu representación mental. Ahora, simplemente cierra los ojos y deja que tu mente divague.
2. Puedes iniciar el proceso pensando intencionalmente en algo agradable y significativo, y luego permitir que eso te lleve a un flujo de pensamientos. Provócate con temas que te resulte gratificante imaginar, como un recuerdo placentero, un logro futuro o un evento que esperas con ilusión.
3. Sé observador con lo que piensas. De hecho, durante un "momento pensador" puede sorprenderte notar qué pensamientos y sentimientos emergen desde tu no consciente. No entres en pánico; es perfectamente normal. Solo tómales nota y planea atenderlos después. Procura evitar rumiar sobre ellos y dejar que interrumpan tu descanso interior.
4. Mientras sueñas despierto, puedes escuchar música, salir a caminar o garabatear. Estos momentos pueden durar desde breves diez segundos hasta una hora entera. Confía en que es posible tener una buena experiencia si "preparas" tu cerebro con temas que te resulten agradables.

Los "momentos pensador" son algo que todos podemos hacer una vez que entendemos el concepto, incluso los niños.

Soñar despierto tiene sentido para nosotros, sin importar la edad.

Cuando quiero tener un momento pensador, personalmente me gusta simplemente detenerme y mirar por la ventana unos segundos. Lo encuentro muy útil y vigorizante, especialmente cuando estoy muy estresada o ansiosa o en medio de una jornada laboral ocupada. Si es posible, también trato de salir; estar en la naturaleza y recibir esa vitamina D realmente lleva el momento pensador al siguiente nivel.

4. CONSTRUYE TU CEREBRO

En lugar de pasar horas en redes sociales o desplazarte sin rumbo por Internet, tómate tiempo para pensar en profundidad y construir tu cerebro. No necesitas "dejar" la tecnología para lograrlo. Simplemente reserva un espacio para leer una sección de un libro (de ficción o de no ficción), leer un artículo o un estudio, o escuchar un pódcast o parte de un audiolibro, y piensa a fondo sobre la información que acabas de recibir. Pregúntate qué intenta(n) decir el autor o los autores, responde a esta pregunta escribiendo varios puntos y conversa lo que has aprendido con un familiar, amigo o colega.

Pensar en profundidad activa nuestra mente, ayudándonos a volvernos más resilientes, sentirnos menos abrumados, pensar con mayor claridad y construir recuerdos saludables. Esta es una gran manera de contrarrestar los efectos negativos que pueden ponernos en espiral mental por el uso de la tecnología, y es algo que todos podemos hacer con bastante facilidad: no hace falta invertir miles de dólares en el último dispositivo u objeto diseñado para protegernos de los efectos negativos de la era en línea moderna.

Para descargar las tablas de este capítulo, visita helpinahurrybook.com/resources.

18

¡AYUDA, TODO ESTÁ SALIENDO MAL!

Cuando empecé a escribir este libro, hubo algo que surgía una y otra vez cuando hablaba con la gente sobre en qué sentían que necesitaban ayuda en el día a día: el caos inesperado de la vida. Cuando las cosas simplemente salen mal, ¿qué haces? Cuando recibes malas noticias, ¿cómo lo manejas? Cuando todo lo malo, todo lo que temes, ocurre a la vez, ¿cómo escapas de la tormenta?

Todos hemos vivido momentos así, tiempos en los que frases trilladas como "La noche es más oscura justo antes del amanecer" y "Hay luz al final del túnel" suenan ridículas e incluso burlonas. ¿Cómo podrían mejorar las cosas? Quizás estás viviendo esto ahora mismo y has tomado este libro como último recurso. ¿Cómo sales de este túnel? ¿Cómo llegas al amanecer?

No ayuda que todo el tiempo estén pasando tantas cosas a nuestro alrededor: es fácil sentirse abrumado y como si todo fuera un desastre. Sí, hoy es mucho más sencillo estar conectados, pero esto es un arma de doble filo. También es mucho más fácil ser conscientes de cuán terrible puede ser este mundo y la humanidad, lo que puede aumentar nuestra sensación de caos y desesperación en el momento.

Al igual que queremos recuperar una sensación de control cuando enfrentamos la incertidumbre, también queremos hacerlo cuando recibimos malas noticias, pero el control suele sentirse esquivo e inalcanzable. Creo que, en el fondo, todos sabemos que hay mucho que no podemos controlar, y cuando las cosas van mal nos vemos obligados a confrontar esta realidad sin el "acolchado" de la estabilidad o la felicidad.

Sin embargo, como he mencionado a lo largo de este libro, lo único que sí podemos controlar es cómo elegimos responder a los giros inesperados que la vida nos lanza. Esto no es fácil ni simple, pero vale la pena, porque hace más que devolvernos cierto nivel de control sobre lo que ocurre: puede darnos una sensación de paz en medio del caos de la vida, lo cual no tiene precio.

Mantener una sensación de paz cuando el mundo parece desmoronarse a nuestro alrededor es, de verdad, una de las habilidades más asombrosas que podemos desarrollar como seres humanos, porque mucho en la vida es inesperado, incierto y doloroso. La paz es como combustible. Nos ayuda a atravesar la oscuridad. Nos ayuda a ver, no con los ojos, sino con la mente. Aporta claridad y sabiduría a una situación. Sin combustible o sin la energía de una batería, un auto no puede moverse, se queda varado. Sin una sensación de paz, nos quedamos atascados. Pero si podemos aferrarnos a la paz mientras todo es un lío... eso no tiene precio.

La paz en medio del caos no significa que estemos felices cuando nos pasan cosas malas, ni que aceptemos el malestar, el dolor y la aflicción sin dar batalla. Tampoco significa cerrar los ojos ante lo que estamos viviendo o intentar suprimir nuestras emociones más incómodas o angustiantes.

Parte de practicar la paz es reconocer que está bien luchar, que está bien no estar bien, un tema clave en este libro. Significa aprender a estar en paz con quiénes somos, dónde estamos y hacia dónde queremos ir, incluso si ahora todo parece terrible. Una de mis autoras y artistas favoritas, Morgan Harper Nichols, lo describe de forma brillante: "La paz es un estado de la mente, el corazón, el cuerpo y el alma. Es la libertad de respirar, incluso frente a grandes desafíos y caos. La paz es el río en el desierto, no al otro lado de él".[1]

Experimentamos este tipo de paz a nivel no consciente antes de sentirnos "en paz" físicamente. En el cerebro se manifiesta como actividad no consciente en las partes más profundas, inteligentes y perspicaces de nosotros, incluso antes de que la experimentemos de forma consciente. Aumenta la coherencia entre los hemisferios cerebrales, ayudándonos a funcionar mejor mental y físicamente para responder y superar los desafíos de la vida. Es, en cierto modo, la clase de paz que poetas o filósofos describirían como profunda hasta el alma: la forma definitiva de control.

Si buscamos la paz en cuanto recibimos malas noticias, nos sintonizamos con lo más profundo de quienes somos y cambiamos, en consecuencia, las respuestas de nuestro cerebro y nuestro cuerpo. Esto ayuda a desarrollar una mentalidad que dice "Voy a estar bien. De alguna manera, saldré adelante". No es algo que nos decimos solo para sentirnos mejor; es algo que sabemos, algo que realmente nos hace sentir más en control sin importar lo que enfrentemos. De hecho, el mero hecho de pensar en experimentar paz —acudiendo a esa profundidad del alma incluso cuando recibimos malas noticias o cuando la vida se siente caótica— puede cambiar nuestra percepción e incluso modificar la química y la estructura de nuestro cerebro y cuerpo en una dirección positiva para poder afrontarlo.[2]

Incluso diría que si te saltaras todos los demás capítulos de este libro y solo leyeras este, ya estarías más preparado para manejar los altibajos de la vida que antes; de eso trata este libro y es un epílogo apropiado al poder de aprovechar tu increíble mente, cerebro y cuerpo para enfrentar los desafíos en el momento.

Entonces, ¿cómo se hace? ¿Cómo encuentras ese esquivo "río en el desierto", especialmente cuando, de pronto, inevitable y completamente, todo se viene abajo? Todo empieza —y termina— con cómo gestionas tu mente (tus pensamientos, sentimientos y decisiones) en el momento, lo que requerirá práctica y tiempo; así que no te desanimes si al principio caes presa del caos cuando intentas buscar la paz. Es parte del camino y solo enfatiza el hecho de que eres, como todos nosotros, humano. Recuérdate que está bien no estar bien, que está bien luchar, y que incluso cuando te sientas derribado y pisoteado por la vida, esta sensación de paz sigue a tu alcance: está en lo profundo de tu alma.

A continuación encontrarás varios consejos para ayudarte a practicar cómo hallar esta sensación de paz y control cuando te enfrentas a lo malo o a lo inesperado. Estas estrategias también pueden aplicarse a los capítulos anteriores y a cualquier otro asunto que debas enfrentar en el momento y que te aparte del puerto seguro de la paz.

1. PRACTICA LA RESPIRACIÓN PROFUNDA PARA CENTRARTE

Cuando nos enfrentamos a algo malo o inesperado, puede resultar difícil siquiera pensar con claridad, y mucho menos practicar una visualización, un ejercicio de enraizamiento o aplicar una estrategia para encontrar paz en medio del caos de la vida. Aquí es donde vale la pena canalizar nuestro instinto de respirar profundo de manera organizada, porque esa paz profunda hasta el alma está, de verdad, a un respiro de distancia. La respiración profunda calma tu mente, tu cerebro y tu cuerpo, y conviene hacerla antes de intentar cualquiera de las estrategias que siguen.

Es algo tan simple de practicar que puede parecer trivial frente a lo inesperado, pero cómo respiras es increíblemente poderoso, como he mencionado a lo largo de este libro. Siempre merece la pena recordarnos que con solo cambiar la manera en que inhalamos y exhalamos podemos transformar un momento en una oportunidad para encontrar paz incluso cuando nos sentimos atrapados o abrumados.

Al inhalar y exhalar tu frecuencia cardíaca aumenta y disminuye, respectivamente. A esto se le llama variabilidad de la frecuencia cardíaca (VFC), y una VFC más alta es beneficiosa, porque puede aumentar la resiliencia de tu sistema de respuesta al estrés.[3] En estados de alta ansiedad y estrés tóxico (como cuando sucede algo malo o inesperado) nuestra VFC generalmente disminuye, lo que afecta el sistema nervioso autónomo y la manera en que manejamos el estrés.

La respiración profunda es tan útil porque aumenta tu VFC en el momento, permitiéndote gestionar cómo te sientes y alcanzar esa sensación de "paz" de forma más rápida y eficaz. Puedes practicarlo ritmando tu respiración a aproximadamente cinco o seis respiraciones por minuto, lo que ayudará a calmar tu neurofisiología para que puedas manejar mejor lo que enfrentas.[4] También me resulta útil inhalar profundamente contando tres y exhalar contando tres en estas situaciones, o inhalar en tres y exhalar lento y con fuerza en siete tiempos, si te cuesta calcular cómo respirar cinco o seis veces por minuto.

Los estudios con electroencefalogramas muestran que ejercicios de respiración como estos aumentan la frecuencia alfa y disminuyen la potencia de la frecuencia theta, lo que en conjunto te ayudará a concentrarte y pensar con mayor claridad, incluso rodeado de caos.[5] El oxígeno extra también ayuda a incrementar la actividad en las zonas frontal y lateral del cerebro y en estructuras como el hipotálamo, el tálamo y parte del tronco encefálico. En conjunto, esto favorece la comodidad, la relajación, la sensación de agrado, el vigor y la alerta, además de reducir síntomas de activación, ansiedad, depresión, ira y confusión, justo lo que necesitas en tiempos difíciles.

2. VISUALIZA TU TÚNEL

Cuando estés en medio del caos de la vida, visualiza un túnel cuyo largo y oscuridad tú determinas según lo que estés enfrentando. ¿Cómo se ve esto en tu vida? ¿Cómo representa lo que estás viviendo?

Luego, visualiza una luz al final de ese túnel. Tal vez suene a cliché, pero esta imagen es muy eficaz porque todos podemos asirla en algún nivel. Intenta imaginarla con el mayor detalle posible, aunque sea solo una visión tenue. Incluso puede que tengas una imagen de cómo te gustaría que se resolvieran las cosas, y eso está muy bien. A medida que tu paz aumente con el tiempo, también lo hará la claridad de lo que imaginas.

Puedes llevar este ejercicio a un nivel más profundo imaginando que el túnel está lleno de arenas movedizas y que debes abrirte camino a través de ellas para llegar al otro lado. Piensa en lo que sucede cuando alguien cae en arenas movedizas: queda atrapado y empieza a hundirse. Trata de salir con movimientos rápidos y tensos, lo que solo lo hunde más. La única forma de escapar es alcanzando una liana para impulsarse hacia afuera o que un amigo/compañero le lance una cuerda u otra cosa que pueda usar para salir. ¿Qué te sacará a ti de este túnel de arenas movedizas? ¿Qué te ayudará? Intenta imaginarlo con el mayor detalle posible.

El propósito de este ejercicio es hallar una forma simple de visualizar lo que estás enfrentando y una salida: recuperar cierto grado de control sobre el problema al "encuadrarlo" así y ver con el ojo de la mente una vía de escape como una expectativa positiva para tu futuro. Esto, como se mencionó arriba, en realidad activa tu mente, tu cerebro y tu cuerpo para la acción positiva, preparándote mejor, mental y físicamente, para afrontar lo que estás viviendo en el momento.

Aquí es importante recordarte que paz no es igual a felicidad. No siempre significa que el caos alrededor terminará y serás feliz. Quizás solo signifique que eres capaz de mantener la cabeza por encima de las "arenas movedizas" de la vida y encontrar tiempo para respirar. Recuerda que, aunque todavía no estés allí, llegará un momento en que las cosas mejoren. Así como los buenos tiempos no duran para siempre, los malos también llegan a su fin.

3. PIDE AYUDA

La razón por la que me gusta la metáfora de las arenas movedizas es que ejemplifica a la perfección cómo se siente estar abrumado por el caos a tu alrededor y dentro de ti, cuando sientes que te hundes bajo la presión de todo. Y así como alguien que lucha en arenas movedizas debe alcanzar algo o a alguien que lo ayude, tú puedes aprender a navegar las "arenas movedizas" de la vida y encontrar paz haciendo lo mismo: pidiendo ayuda.

Esto empieza por reconocer el nivel de estrés bajo el que estás; en otras palabras, ponle nombre a aquello que te está robando la paz. Puedes usar esta información para evaluar cómo avanzar. ¿Cuáles son tus arenas movedizas?

Luego, necesitas evaluar qué tan rápido te estás hundiendo, cuánto de tu cuerpo está cediendo y qué hay a tu alrededor que puedas usar para escapar. Llévalo a tu vida preguntándote qué estás sintiendo, diciendo o haciendo cuando te sientes abrumado y atascado. ¿Qué te está sepultando? ¿Puedes pedir ayuda? ¿Puedes hablar con alguien? ¿Puedes cambiar algo? ¿Qué puedes hacer para extender la mano?

Entiendo que esta última parte es, a menudo, más fácil decirla que hacerla. Pedir ayuda puede ser de lo más difícil, especialmente cuando estamos luchando emocionalmente. También puede ser complicado reconocer cuándo necesitamos ayuda y no podemos simplemente "salir adelante". Puede sentirse triste, frustrante o incluso como señal de debilidad pensar que a veces no somos lo suficientemente "fuertes". En una sociedad que a menudo prioriza la independencia y el poder, pedir ayuda suele parecer algo tonto o incluso malo. Esto no significa que debas confiar en cualquiera; sintoniza contigo mismo y confía en ti: sabrás a quién acudir y cuándo hacerlo.

Lo importante es recordar que no te castigues si llegas a este punto. Todos hemos estado allí y, muy probablemente, volveremos a estarlo en el camino de la vida. Practica la autocompasión, la gracia y la bondad, e intenta ver el acto de pedir ayuda como algo a la vez increíblemente difícil e increíblemente poderoso. No es señal de debilidad ni de fracaso.

Alguien me contó una vez sobre un tipo de terapia experiencial que le cambió por completo la perspectiva sobre pedir ayuda.[6] Formaba parte de un grupo con personas de distintos ámbitos y contextos. Algunos eran alcohólicos y otros adictos a las drogas; algunos habían sufrido trauma sexual y otros tenían problemas graves de salud mental. Estas personas habían llegado a un punto en sus vidas en el que estaban tan quebradas por lo que atravesaban que se les hacía difícil incluso participar en la vida normal. Iban a terapia grupal para aprender a sobrellevarlo todo.

Un día, en terapia, hicieron esta actividad: los terapeutas les vendaron los ojos y les dijeron que iban a entrar en un laberinto hecho de cuerdas. También explicaron que todos debían sujetar las cuerdas y que no podían soltarlas. El "laberinto de cuerdas" se había montado antes de empezar la actividad, de modo que los participantes no sabían qué esperar. Una vez que tenían las manos en la cuerda, recibieron un conjunto de instrucciones, incluida la de mantener al menos una mano en la cuerda y permanecer en silencio.

Durante la sesión, los participantes comenzaron lentamente a buscar una salida. Seguían a la persona de adelante... y daban vueltas. Una y otra vez. Algunas personas pensaban que habían encontrado la salida, solo para darse cuenta de que seguían en el mismo círculo. Cada cinco minutos, el terapeuta repetía: "Recuerden, hay una salida... levanten la mano si creen haber encontrado la salida o si necesitan ayuda". Durante los últimos cinco minutos de la actividad, el terapeuta puso la canción de los Beatles, "Help!", como pista para ayudarlos a salir del laberinto.

El punto de esta actividad era que no había un final verdadero del laberinto si los participantes seguían intentando salir por su cuenta. La única manera de salir era levantar la mano y pedir ayuda. Sin embargo, los participantes estaban tan enfocados en las reglas que pasaron por alto la parte final en la que el terapeuta había dicho: "Levanten la mano si necesitan ayuda". Si levantaban la mano y pedían ayuda, el terapeuta les quitaba la mano de la cuerda y les ayudaba a retirarse la venda, para que vieran que llevaban rato siguiendo el mismo patrón en el laberinto... simplemente estaban dando vueltas.

Creo que esto es algo con lo que todos podemos identificarnos. Tendemos a pensar que pedir ayuda es signo de debilidad y que ser autosuficientes es lo que nos hace exitosos. Pero esto no es cierto. Cuando reconocemos que no podemos hacer algo solos, es señal de humildad y de fortaleza. Somos lo bastante fuertes como para admitir que no tenemos todas las respuestas. Eso no nos hace débiles. Nos hace humanos.

Si estás luchando, recuérdate que necesitas estar conectado no solo para sobrevivir, sino para florecer. Rememora la actividad del laberinto de cuerdas. No tienes que sentirte culpable por necesitar apoyarte en otros. Esto te da perspectiva y te ayudará a atravesar y superar los problemas de la vida. Este tipo de conexiones impactará positivamente tu salud, hasta el nivel de tu expresión genética.

4. ACTÚA

Para ampliar la metáfora de las arenas movedizas, piensa en qué "lianas" puedes aferrarte para no hundirte en el caos que estás viviendo. Escribe tus respuestas para organizar tu pensamiento, procurando ser lo más específico posible. ¿Cómo puedes implementar exactamente estos cambios en tu vida?

Aquí tienes algunos ejemplos:

- Establece límites claros para proteger tu tiempo, tu energía y tu bienestar emocional. Aprende a decir no. Aprende a delegar y practica no sentir culpa al hacerlo.
- Recuérdate a menudo que está bien no estar bien. Coloca recordatorios de esto donde los veas a lo largo del día.
- Prioriza tu autocuidado mental. ¿Cómo puedes fortalecer tu salud mental y tu resiliencia cuando las cosas van bien, para tener una "liana" de la cual tirar cuando te encuentres cayendo en las arenas movedizas de la vida? Por ejemplo, puedes practicar técnicas de relajación como darte un baño, hacer yoga o disfrutar de pasatiempos que te ayuden a desconectarte y encontrar tiempo para descansar y recuperarte.
- Mantén una rutina diaria consistente que incluya ejercicio, una nutrición adecuada y sueño suficiente. La salud física está estrechamente ligada al bienestar mental y emocional.

- Haz pausas regulares de los dispositivos digitales y de las redes sociales para desconectarte del caos externo y reconectar contigo. Salir a la naturaleza es una de mis maneras favoritas de hacerlo.
- Habla con un amigo, familiar o terapeuta de confianza sobre lo que sientes y experimentas. Compartir tus pensamientos y preocupaciones con alguien de confianza puede brindar consuelo y perspectiva.
- Aunque limitar la exposición a información negativa es esencial, también es importante mantenerte informado sobre los hechos relevantes. Busca un equilibrio que te permita estar al tanto sin sentirte abrumado.

5. NO TE QUEDES ATASCADO EN TUS EMOCIONES

Esto es clave: enfocarte constantemente en cómo te sientes sin gestionarlo puede afectar seriamente tu capacidad de encontrar paz en el caos. Sí, es importante reconocer (no reprimir) cómo te sientes, pero debes hacerlo de forma equilibrada; de lo contrario, puedes agravar la sensación de estar atrapado, robándote la paz. Rumiar en lo negativo se parece a entrar en pánico si caes en arenas movedizas: solo te hundirás más.

Por eso es importante revisar lo que estás experimentando de la forma más lógica posible, y una gran manera de hacerlo es usando lo que llamo el "ejercicio de la cámara" para anclarte en el momento y ayudarte a enfocarte:

1. Busca un lugar cómodo para sentarte y cierra los ojos. Da unas cuantas respiraciones profundas para calmar tu mente, tu cerebro y tu cuerpo.

2. Visualiza las últimas horas, días o semanas como si estuvieras desplazándote por la galería de tu cámara viendo fotos y videos, durante uno o dos minutos. Estás enfocándote en cómo te sentías antes del problema que enfrentas ahora, casi como si lo que estás viviendo todavía no hubiera pasado. Esta es la etapa de "revisar".
3. Enfócate en el momento presente (lo que estás haciendo, sintiendo y experimentando ahora) por uno o dos minutos. ¿Qué ocurrió que te robó la paz? Esta es la etapa de "ocupar", en la que ocupar el momento te ayuda a descifrar qué pasó y cómo te sientes de la forma más lógica posible.
4. Piensa en cómo quieres sentirte respecto a lo que ocurrió o cómo te gustaría que esto se desarrolle en tu futuro o incluso en la próxima hora (el marco de tiempo que elijas). Este es el paso de "observar", donde cambias el foco de cómo te sientes a qué vas a hacer con lo que pasó. ¿Cómo recuperarás tu paz en medio del caos? Haz esto por uno o dos minutos.

6. PIENSA EN LOS BUENOS MOMENTOS Y PRACTICA LA GRATITUD

Como mencioné en el capítulo 2, nuestros recuerdos son más que recuerdos; son una parte física de nosotros y pueden ayudar a fortalecer nuestra psiconeurobiología y nuestra capacidad para manejar el caos de la vida. ¿Cómo?

Cuando elegimos enfocarnos en lo bueno que hemos vivido, aumentamos las emociones positivas dentro de nuestras redes de memoria, que son el "pegamento" que mantiene unidos los recuerdos dentro del pensamiento. Esto, a su vez, turboimpulsa el recuerdo feliz, lanzándolo a la mente consciente para que demande atención, pero en el buen sentido.

Este proceso puede incrementar la esperanza, la paz y la resiliencia en el momento y, a su vez, aportar claridad, perspectiva y sabiduría cuando estamos ante un desafío. También ayuda a reducir el estrés tóxico y no gestionado, mientras que la actividad de recordar pensamientos felices reactiva la imaginación y potencia nuestra psiconeurobiología, es decir, la manera en que mente, cerebro y cuerpo se conectan y trabajan en conjunto.

Esto incluye estar agradecidos por lo que hemos experimentado en la vida. La investigación sobre los efectos de la gratitud en nuestra biología muestra que ser agradecidos aumenta la longevidad, la capacidad de usar la imaginación y la resolución de problemas.[7] La gratitud es profundamente poderosa porque nos hace sentir que la vida vale la pena incluso cuando enfrentamos lo malo o lo inesperado.[8]

Si estás enfrentando algo particularmente difícil, acabas de recibir muy malas noticias o sientes que todo se desmorona a tu alrededor, tómate el tiempo para reconocer cómo te sientes y, al mismo tiempo, recordar los momentos felices de tu vida y lo que tienes para agradecer. Esto no es reemplazar lo negativo con lo positivo ni intentar deshacerte de los sentimientos desagradables; más bien, se trata de usar recuerdos felices y la alegría que has vivido —o aquello por lo que puedes dar gracias— para fortalecer tu mente y tu cerebro en el momento, de modo que puedas enfocarte y manejar mejor lo que te causa angustia. Es usar "lo bueno" para aumentar tu resiliencia ante "lo malo", casi como construir un puente, lo que puede ayudarte a estar bien con no estar bien, como mencioné en capítulos anteriores.

Lo compararía con una póliza de seguro. Así como aseguras tu casa o tu vida para prepararte ante lo inesperado, también puedes asegurar tu manera de reaccionar ante la vida. Piensa un momento qué es un seguro: protección frente a una eventualidad posible. Puedes vivir deliberada e intencionalmente reconociendo que lo inesperado y lo doloroso sucederán, y que te sacudirán y te afectarán; pero, como has construido redes de pólizas de seguro en tu psiconeurobiología, has abierto la puerta a tu resiliencia ilimitada y podrás echar mano de ellas en tiempos de crisis.

De este modo, ante todos los desafíos de la vida, puedes aplicar las palabras de Maya Angelou, la reconocida autora y poeta estadounidense: "Puedo ser cambiada por lo que me sucede. Pero me niego a ser reducida por ello".[9] Más específicamente, a nivel cerebral, construir redes de pólizas de seguro hace lo siguiente:

1. Promueve un flujo sano y equilibrado de ondas cerebrales, con ráfagas de ondas theta reparadoras.
2. Activa la amígdala, que funciona como una biblioteca que guarda tus percepciones emocionales en "libros". Esto te ayuda a desarrollar percepciones emocionales saludables que mejoran la funcionalidad general de la amígdala.
3. Activa la corteza frontal, lo que puede mejorar el flujo sanguíneo y la coherencia entre ambos hemisferios del cerebro. Esto puede mejorar tu resiliencia, tu capacidad de tomar decisiones y tu inteligencia.

4. Enciende distintos componentes del sistema de neuronas espejo en la corteza frontal inferior/premotora y la corteza parietal inferior, a medida que experimentas el mayor vínculo y la conexión que surgen al hablar de un recuerdo feliz con tus seres queridos.
5. Incrementa tu sentido de imaginación, lo que implica que se están construyendo nuevos pensamientos con nuevos recuerdos en el cerebro, fortaleciéndolo y aumentando tu resiliencia. Es casi como si los recuerdos positivos construyeran una red de soporte en el cerebro, que te ayuda a mantenerte fuerte en tiempos difíciles (¡la póliza de seguro definitiva!).
6. Activa los sistemas de recompensa y afecto positivo en el cerebro y el cuerpo, incluida el área tegmental ventral, el núcleo accumbens y la corteza orbitofrontal.
7. Aumenta la serotonina y la dopamina, neurotransmisores que generan sensaciones de satisfacción y bienestar y activan los centros de placer/recompensa del cerebro. También pueden liberarse endorfinas, los analgésicos naturales del cuerpo, cuando piensas en buenos momentos del pasado o en aquello por lo que estás agradecido.

Algunas excelentes maneras de fortalecer tus "pólizas de seguro mentales" pensando en los buenos momentos y practicando la gratitud son:

1. *Haz voluntariado.* Busca una organización local y súmate a su equipo. Al ayudar a quienes lo necesitan te darás cuenta de cuán bendecido estás.

2. *Medita.* Empieza cada mañana meditando en aquello por lo que estás agradecido y en recuerdos que te hagan feliz. Contar tus bendiciones temprano facilita reconocerlas después, porque tu mente se vuelve cada vez mejor en el proceso de construir una mentalidad positiva y agradecida. Recuerda: cuanto más bien ves en tu vida en los "momentos ahora", es más probable que seas más feliz y tengas éxito en la escuela, el trabajo y la vida en el futuro.
3. *Haz una pausa.* Cada vez que te sientas decaído o abrumado, piensa en todas las cosas buenas de tu vida. Quizás escribe en una nota adhesiva aquello por lo que estás agradecido y lo que te hace feliz y colócala cerca, o configura un recordatorio en el teléfono. Tal vez envía un mensaje o llama a un amigo para decirle lo agradecido que estás de tenerlo en tu vida o simplemente para compartir un recuerdo feliz y reír juntos.
4. *Recuerda.* A continuación, algunos mantras útiles para recordarte que vas a salir de un momento oscuro o desafiante:
    - No sé cómo voy a superar esto, pero ya he salido de tiempos difíciles antes. Perseveraré.
    - No estoy solo. No soy débil.
    - Estos momentos pasarán.
    - Lo que pasó ya quedó atrás; lo que importa ahora es lo que hago de aquí en adelante.
    - No vale la pena complicarse por lo pequeño.

- Puedo frustrarme o enojarme, pero si no limito cuánto tiempo me permito hacerlo, solo haré más difícil avanzar.

CONCLUSIÓN: ESTÁ BIEN NO ESTAR BIEN

¡Ufff! Llegaste al final de este libro, y si puedo arriesgar una suposición, también atravesaste más de unas cuantas situaciones difíciles en la vida. Puede que todavía te sientas hecho un desastre, o al menos sientas que la vida siga desordenada. ¡Igual yo! ¿Qué? ¿Yo? ¿La profesional de salud mental y neurocientífica clínica también tiene una vida y una mente caóticas a veces? ¡Sí! Esa es la cosa con la vida: es desordenada. Y esa es la cosa con nuestra mente: con práctica y conocimiento, es muy buena para gestionar el desorden.

Creo que con demasiada frecuencia vamos por la vida pensando que no es "bueno" luchar, sentir dolor, estar incómodos o sentirnos como un #hotmess (desastre total), como suele decirse.

Pero la realidad es que todos nos sentimos así a veces, incluso quienes por fuera parecen tenerlo todo bajo control.

¿Los principios de este libro? Yo los uso todos los días. De hecho, la mitad del tiempo que escribí este libro sentía que me estaba hablando a mí misma. Y repitiendo esas mismas frases:

"¡Ya no aguanto más!".

"No puedo más".

"Me va a estallar la cabeza".

"¡Dame fuerzas!".

"Me rindo".

"¿Por qué a mí?".

"Estoy al límite".

"¡Me voy a arrancar los pelos!".

"Estoy a punto de quebrarme".

"La preocupación me está enfermando".

"Soy un manojo de ansiedad".

"Esta fue la gota que colmó el vaso".

"¡Me subo por las paredes!".

"De aquí todo va cuesta abajo".

¿Y la otra mitad del tiempo? Me he estado recordando que aunque la vida es muy dura, soy solo humana, y que de verdad está bien no sentirse bien. Aunque ahora no tenga todo en orden, sigo escribiendo mi historia. ¡Todos lo estamos! Es un viaje en construcción, y habrá subidas para todas esas bajadas que estamos viviendo ahora.

He empezado a pensar de verdad en esas frases de arriba y en lo que significan para mí. Y cuanto más trabajo en gestionar mis propios estreses en el momento, más he encontrado frases nuevas y diferentes que hablan de dónde estoy y a dónde quiero ir ahora:

"Algunos días tienes que crear tu propio sol".[1]

"Un mal día no es una mala vida".[2]

"El progreso lento es mejor que ningún progreso".[3]

"Oh sí, el pasado puede doler. Pero, como yo lo veo, puedes huir de él o aprender de él".[4]

"En tu vida, ¿en qué ámbito no estás cometiendo errores? A veces, si no hay desorden, no hay cambio".[5]

"Abraza cada desafío en tu vida como una oportunidad de autotransformación".[6]

"Al otro lado de la tormenta está la fuerza que surge de haberla navegado. Alza tu vela y comienza".[7]

"Convierte tus heridas en sabiduría".[8]

El mejor consejo que puedo darte en esta aventura salvaje, hermosa y muchas veces dolorosa que llamamos vida es que te trates con amabilidad y autocompasión, especialmente en esos momentos en que sientes que todo se desmorona. Sé paciente y muy amable contigo en los tiempos desafiantes. Intenta no ser demasiado duro contigo por sentir estrés o estar abrumado.

Recuérdate que cosas como el caos, la tristeza, el dolor, la ira y la duda de uno mismo son parte de la vida, pero no tienen por qué derrotarte. De hecho, pueden ayudarte a crecer. La única persona que decide cuándo termina tu historia eres tú. Así que no dejes de escribir. Los primeros borradores (¡quizás muchos!) siempre son un desastre. ¿Pero el resultado final? Ese sí que no tiene precio. No dejes que nadie —ni siquiera tú— te diga lo contrario.

NOTAS

CAPÍTULO 1 · AYUDA RÁPIDA, ¿QUÉ ES ESO?

1. Caroline Leaf et al., "Habit Formation and Automaticity: Psychoneurobiological Correlates of Gamma Activity", *NeuroRegulation* 11, n.º 1 (2024): 2-24, https://www.neuroregulation.org/article/view/23416/14768.

2. Caroline Leaf, "Meet Dr. Caroline Leaf", consultado el 18 de septiembre de 2024, https://drleaf.com.

CAPÍTULO 2 · ¡AYUDA! ¿QUÉ ESTÁ PASANDO EN MI CABEZA?

1. Leaf et al., "Habit Formation and Automaticity"; Elissa S. Epel, "Telomeres in a Life-Span Perspective: A New 'Psychobiomarker'?", *Current Directions in Psychological Science* 18, n.º 1 (2009): 6-10, https://doi.org/10.1111/j.1467-8721.2009.01596.x.

CAPÍTULO 3 · ¡AYUDA, ESTOY BAJO PRESIÓN!

1. Tim Chin, "How Pressure Cookers Actually Work", Serious Eats, 7 de mayo de 2023, https://www.seriouseats.com/how-pressure-cookers-work.

2. La cita original dice: "Results! Why, man, I have gotten a lot of results! I know several thousand things that won't work". Frank Lewis Dyer y Thomas Commerford Martin, *Edison: His Life and Inventions*, vol. 2 (Harper and Brothers, 1910), 616.

CAPÍTULO 4 · ¡AYUDA, MI CEREBRO NO SE CALLA!

1. Rapid Transformational Therapy, "How to Stop Overthinking", *RTT Blog*, 24 de septiembre de 2024, https://rtt.com/how-to-stop-overthinking/; Susan Nolen-Hoeksema, "Most Women Think Too Much, Overthinkers Often Drink Too Much", University of Michigan News, 24 de septiembre de 2024, https://news.umich.edu/most-women-think-too-much-overthinkers-often-drink-too-much/.

2. Yasmin Anwar, "Social Scientists Build Case for 'Survival of the Kindest'", ScienceDaily, 9 de diciembre de 2009, https://www.sciencedaily.com/releases/2009/12/091208155309.htm.

CAPÍTULO 5 · ¡AYUDA, QUIERO GOLPEAR A ALGUIEN!

1. Kendall Magill, "19 Anonymous Quotes You NEED to Read", Odyssey, 8 de noviembre de 2016, https://www.theodysseyonline.com/19-anonymous-quotes-you-need-to-read.

2. Ohio State University, "Breathe, Don't Vent: Turning Down the Heat Is Key to Managing Anger", ScienceDaily, 18 de marzo de 2024, www.sciencedaily.com/releases/2024/03/240318142352.htm.

CAPÍTULO 6 · ¡AYUDA, EL MUNDO PARECE TAN BLANCO Y NEGRO!

1. Katharina Star, "How to Overcome All-or-Nothing Thinking", Verywell Mind, 20 de noviembre de 2023, https://www.verywellmind.com/all-or-nothing-thinking-2584173.

2. Star, "How to Overcome All-or-Nothing Thinking".

CAPÍTULO 7 · ¡AYUDA, ESTOY CANSADO TODO EL TIEMPO!

1. Stuart Hameroff y Roger Penrose, "Consciousness in the Universe: An Updated Review of the 'Orch OR' Theory", *Physics of Life Reviews* 11, n.º 1 (2014): 39-78, https://doi.org/10.1016/j.plrev.2013.08.002.

2. *Merriam-Webster*, "Restoring", consultado el 12 de diciembre de 2024, https://www.merriam-webster.com/dictionary/Restoring; *Merriam-Webster*, "Rest", consultado el 12 de diciembre de 2024, https://www.merriam-webster.com/dictionary/rest#dictionary-entry-2.

3. Daniel Klein, "'Law & Order' Actor Sam Waterston: What Quitting My Job After Nearly 20 Years Taught Me About Happiness", CNBC, 13 de junio de 2024, https://www.cnbc.com/2024/06/13/sam-waterston-of-law-order-what-quitting-taught-me-about-happiness.html.

4. Klein, "'Law & Order' Actor Sam Waterston".

CAPÍTULO 8 · ¡AYUDA, MIS PENSAMIENTOS INTRUSIVOS NO PARAN!

1. Richard Moulding et al., "They Scare Because We Care: The Relationship Between Obsessive Intrusive Thoughts and Appraisals and Control Strategies Across 15 Cities", *Journal of Obsessive-Compulsive and Related Disorders* 3, n.º 3 (marzo de 2014): 280-91.

2. Caroline Leaf, *Cleaning Up Your Mental Mess: 5 Simple, Scientifically Proven Steps to Reduce Anxiety, Stress, and Toxic Thinking* (Baker Books, 2021).

3. Matthew L. Dixon et al., "Interactions Between the Default Network and Dorsal Attention Network Vary Across Default Subsystems, Time, and Cognitive States", *NeuroImage* 147 (2017): 632-49.

CAPÍTULO 9 · ¡AYUDA, NO ME SIENTO FELIZ TODO EL TIEMPO!

1. Vasundhara Sawhney, "It's Okay to Not Be Okay", *Harvard Business Review*, 10 de noviembre de 2020, https://hbr.org/2020/11/its-okay-to-not-be-okay.

2. Sawhney, "It's Okay to Not Be Okay"; Arizona State University, "It's Okay When You're Not Okay: A Re-evaluation of Resilience in Adults", ScienceDaily, 16 de agosto de 2018, www.sciencedaily.com/releases/2018/08/180816091436.htm.

3. Joseph Henrich, "Q&A on WEIRD", Harvard University, consultado el 18 de septiembre de 2024, https://weirdpeople.fas.harvard.edu/qa-weird.

4. Abigail Shrier, "Stop Constantly Asking Your Kids How They Feel", *Wall Street Journal*, 8 de marzo de 2024, https://www.wsj.com/health/wellness/stop-constantly-asking-your-kids-how-they-feel-d36cf32e; Brett Q. Ford et al., "Culture Shapes Whether the Pursuit of Happiness Predicts Higher or Lower Well-Being", *Journal of Experimental Psychology: General* 144, n.º 6 (2015): 1053-62, https://doi.org/10.1037/xge0000108.

5. Citado en Ford et al., "Culture Shapes".

6. Ford et al., "Culture Shapes".

7. Shigeyuki Takai et al., "Do People Who Highly Value Happiness Tend to Ruminate?", *Current Psychology* 42 (2023): 32443-55, https://doi.org/10.1007/s12144-022-04131-6.

8. Ford et al., "Culture Shapes".

9. Harvard Second Generation Study, "Welcome to the Harvard Study of Adult Development", consultado el 18 de septiembre de 2024, https://www.adultdevelopmentstudy.org.

10. Amy L. Gentzler et al., "Valuing Happiness in Youth: Associations with Depressive Symptoms and Well-Being", *Journal of Applied Developmental Psychology* 66 (2019): 1-10, https://doi.org/10.1016/j.appdev.2019.03.001.

11. Springer, "Can Pursuing Happiness Make You Unhappy?", ScienceDaily, 12 de marzo de 2018, www.sciencedaily.com/releases/2018/03/180312104036.htm.

12. Ashton Jackson, "The Happiest People Use These 3 Phrases Often, from Psychologists and Workplace Experts", CNBC, 23 de junio de 2024, https://www.cnbc.com/2024/06/23/phrases-happy-people-in-finland-denmark-often-use.html; *The International*, "Pyt Med Det! A Danish Way of Not Sweating the Small Stuff", junio de 2024, https://www.the-intl.com/post/pyt-med-det-a-danish-way-of-not-sweating-the-small-stuff.

13. Penn State, "Short-Term Loneliness Associated with Physical Health Problems", ScienceDaily, 13 de junio de 2024, www.sciencedaily.com/releases/2024/06/240613140903.htm.

14. Jessica Martino, Jennifer Pegg y Elizabeth Pegg Frates, "The Connection Prescription: Using the Power of Social Interactions and the Deep Desire for Connectedness to Empower Health and Wellness", *American Journal of Lifestyle Medicine* 11, n.º 6 (2015): 466-75, https://pmc.ncbi.nlm.nih.gov/articles/PMC6125010/; Carrianne J. Leschak y Naomi I. Eisenberger, "Two Distinct Immune Pathways Linking Social Relationships with Health: Inflammatory and Antiviral Processes", *Psychosomatic Medicine* 81, n.º 8 (2019): 711-19, https://pubmed31600173; Emma Seppala, "Connectedness & Health: The Science of Social Connection", Stanford CCARE, 8 de mayo de 2014, https://ccare.stanford.edu/uncategorized/connectedness-health-the-science-of-social-connection-infographic/.

CAPÍTULO 10 · ¡AYUDA, ESTOY ENOJADO TODO EL TIEMPO!

1. Better Health Channel, "Anger: How It Affects People", consultado el 18 de septiembre de 2024, https://www.betterhealth.vic.gov.au/health/healthyliving/anger-how-it-affects-people.

2. Leaf et al., "Habit Formation and Automaticity."

3. Sarah N. Garfinkel et al., "Anger in Brain and Body: The Neural and Physiological Perturbation of Decision-Making by Emotion", *Social Cognitive and Affective Neuroscience* 11, n.º 1 (2015): 150-58, https://www.ncbi.nlm.nih.gov/pmc/articles/PMC4692323/.

4. Garfinkel et al., "Anger in Brain and Body".

5. R. J. R. Blair, "Considering Anger from a Cognitive Neuroscience Perspective", WIREs *Cognitive Science* 3, n.º 1 (2011): 65-74, https://www.ncbi.nlm.nih.gov/pmc/articles/PMC3260787/.

6. Paloma Moisii et al., "The Relationship Between Job Strain and Ischemic Heart Disease Mediated by Endothelial Dysfunction Markers and Imaging", *Medicina* 60, n.º 7 (2024): 1048, https://doi.org/10.3390/medicina60071048.

7. Johns Hopkins Medicine, "For Your Heart: Stay Calm and Cool", consultado el 18 de septiembre de 2024, https://www.hopkinsmedicine.org/health/wellness-and-prevention/for-your-heart-stay-calm-and-cool.

8. Stephen E. Lupe, Laurie Keefer y Eva Szigethy, "Gaining Resilience and Reducing Stress in the Age of COVID-19", *Current Opinion in Gastroenterology* 36, n.º 4 (2020): 295-303, https://pubmed.ncbi.nlm.nih.gov/32398567/.

CAPÍTULO 11 · ¡AYUDA, MIS REMORDIMIENTOS ME FRENAN!

1. Natasha Parikh, Felipe de Brigard y Kevin S. LaBar, "The Efficacy of Downward Counterfactual Thinking for Regulating Emotional Memories in Anxious Individuals", *Frontiers in Psychology* 12 (2022): 712066, https://doi.org/10.3389/fpsyg.2021.712066.

2. Isabelle Bauer y Carsten Wrosch, "Making Up for Lost Opportunities: The Protective Role of Downward Social Comparisons for Coping with Regrets Across Adulthood", *Personality and Social Psychology Bulletin* 37, n.º 2 (2011): 215-28, https://pubmed.ncbi.nlm.nih.gov/21239595/.

3. Giorgio Coricelli et al., "Regret and Its Avoidance: A Neuroimaging Study of Choice Behavior", *Nature Neuroscience* 8 (2005): 1255-62, https://doi.org/10.1038/nn1514.

4. Roderick M. Chisholm, "The Contrary-to-Fact Conditional", *Mind* 55, n.º 220 (1946): 289-307, https://www.jstor.org/stable/2250757.

5. Kai Epstude y Neal J. Roese, "The Functional Theory of Counterfactual Thinking", *Personality and Social Psychology Review* 12, n.º 2 (2008): 168-92, https://psycnet.apa.org/record/2008-05743-004.

6. Parikh, de Brigard y LaBar, "The Efficacy of Downward Counterfactual Thinking."

7. Parikh, de Brigard y LaBar; Epstude y Roese; Daniel Kahneman y Dale T. Miller, "Norm Theory: Comparing Reality to Its Alternatives", *Psychological Review* 93, n.º 2 (1986): 136-53, https://psycnet.apa.org/record/1986-21899-001.

8. Neal J. Roese y Amy Summerville, "What We Regret Most ... and Why", *Personality and Social Psychology Review* 10, n.º 3 (2006): 210-24, https://www.ncbi.nlm.nih.gov/pmc/articles/PMC2394712/.

9. Clemson University, "Practical Use for Regret, Hindsight", ScienceDaily, 25 de julio de 2019, https://www.sciencedaily.com/releases/2019/07/190725162314.htm.

10. Susan Krauss Whitbourne, "Building Your Life Story: One Memory at a Time", *Psychology Today*, 26 de abril de 2024, https://www.psychologytoday.com/us/blog/fulfillment-at-any-age/202404/building-your-life-story-one-memory-at-a-time.

11. Edward de Bono, *Six Thinking Hats*, ed. revisada y actualizada (Back Bay Books, 1999).

CAPÍTULO 12 · ¡AYUDA, NO SÉ QUÉ DEMONIOS ESTÁ PASANDO!

1. "Quote: Paulos on Uncertainty", CAUSE, consultado el 15 de enero de 2025, https://www.causeweb.org/cause/resources/library/r2028.

2. Caroline Leaf, "Research", Dr. Leaf, consultado el 18 de septiembre de 2024, https://drleaf.com/pages/research-history.

CAPÍTULO 13 · ¡AYUDA, MI PASADO ME PERSIGUE!

1. Centers for Disease Control and Prevention, "About Child Abuse and Neglect", CDC: Child Abuse and Neglect Prevention, consultado el 18 de septiembre de 2024, https://www.cdc.gov/child-abuse-neglect/about/index.html.

2. Idaho Youth Ranch, "Symptoms of Toxic Stress & Childhood PTSD", consultado el 9 de diciembre de 2024, https://www.youthranch.org/blog/childhood-ptsd-symptoms-of-toxic-stress.

3. Andy Turner, "Good Intentions but the Right Approach? The Case of ACEs", *Public Healthy* (blog), 29 de enero de 2019, https://publichealthy.co.uk/good-intentions-but-the-right-approach-the-case-of-aces/.

4. Idaho Youth Ranch, "Childhood Trauma & Adverse Childhood Experiences", consultado el 9 de diciembre de 2024, https://www.youthranch.org/overview-childhood-trauma.

5. HOPE, "Positive Childhood Experiences and Adult Mental Health", HOPE—Healthy Outcomes from Positive Experiences, consultado el 9 de diciembre de 2024, https://positiveexperience.org/wp-content/uploads/2020/03/BRFShandout2-18.pdf.

6. Richard Sears, "Japanese Study Strengthens Link Between Childhood Adversity and Later Psychological Distress", Mad in America, 6 de junio de 2024, https://www.madinamerica.com/2024/06/japanese-study-strengthens-link-between-childhood-adversity-and-later-psychological-distress/; Natsu Sasaki et al., "Effects of Expanded Adverse Childhood Experiences Including School Bullying, Childhood Poverty, and Natural Disasters on Mental Health in Adulthood", *Scientific Reports* 14, n.º 1 (2024): 12015, https://doi.org/10.1038/s41598-024-62634-7.

7. Annie Wright, "Embracing Complexity: Was My Childhood Really That Bad?", *Psychology Today*, 22 de mayo de 2024, https://www.psychologytoday.com/us/blog/making-the-whole-beautiful/202405/embracing-complexity-was-my-childhood-really-that-bad.

8. Vanessa Villafuerte, "Study Reveals Types of Positive Childhood Experiences (PCEs) Linked to Improved Mental and Physical Health Outcomes in Adulthood", UCLA Health, 8 de diciembre de 2023, https://www.uclahealth.org/news/release/study-reveals-types-positive-childhood-experiences-pces.

9. Villafuerte; HOPE, "Positive Childhood Experiences".

10. HOPE, "Positive Childhood Experiences".

11. Vincent J. Felitti et al., "Relationship of Childhood Abuse and Household Dysfunction to Many of the Leading Causes of Death in Adults: The Adverse Childhood Experiences (ACE) Study", *American Journal of Preventive Medicine* 14, n.º 4 (1998): 245-58, https://pubmed.ncbi.nlm.nih.gov/9635069/.

12. Gary Walsh, "The ACEs Campaign: Cause for Worry or Celebration?", *TES Magazine*, 11 de noviembre de 2018, https://www.tes.com/magazine/archive/aces-campaign-cause-worry-or-celebration. Véase también Turner, "Good Intentions but the Right Approach?".

13. Wright, "Embracing Complexity"; Turner, "Good Intentions but the Right Approach?".

14. Barbara Fredrickson, *Positivity: Top-Notch Research Reveals the 3-to-1 Ratio That Will Change Your Life* (Harmony, 2009); Michael A. Cohn et al., "Happiness Unpacked: Positive Emotions Increase Life Satisfaction by Building Resilience", *Emotion* 9, n.º 3 (2009): 361-68, https://pmc.ncbi.nlm.nih.gov/articles/PMC3126102/; Barbara Fredrickson et al., "Open Hearts Build Lives: Positive Emotions, Induced Through Loving-Kindness Meditation, Build Consequential Personal Resources", *Journal of Personality and Social Psychology* 95, n.º 5 (2008): 1045-62, https://pmc.ncbi.nlm.nih.gov/articles/PMC3156028/.

15. Caroline Leaf et al., "Psycho-Neuro-Biological Correlates of Beta Activity", *NeuroRegulation* 10, n.º 1 (2023): 11-20, https://www.neuroregulation.org/article/view/23374/14748.

CAPÍTULO 14 · ¡AYUDA, QUIERO AGRADAR A TODOS!

1. Fay Lane (@faera_lane), "Recovering people pleasers will be like 'I am in my …'" Publicación en X, 17 de junio de 2022, https://x.com/faera_lane/status/1539085376320684032; Valentina Mejia, "I'm in My Villain Era. Here Are 5 Ways I Achieve the Look & Lifestyle", Refinery29, 28 de octubre de 2022, https://www.refinery29.com/en-us/2022/10/11167660/villain-era-tiktok-aesthetic-lifestyle.

CAPÍTULO 15 · ¡AYUDA, MI CRÍTICO INTERIOR NO ME DEJA EN PAZ!

1. David Muehsam et al., "The Embodied Mind: A Review on Functional Genomic and Neurological Correlates of Mind-Body Therapies", *Neuroscience and Behavioral Reviews* 73 (2017): 161-81, https://pubmed.ncbi.nlm.nih.gov/28017838/; Joao Freitas, "Teacher Shows Students How Negative Words Can Make Rice Moldy", Good News Network, 11 de junio de 2017, https://www.goodnewsnetwork.org/teacher-shows-students-how-negative-words-makes-rice-moldy/.

CAPÍTULO 16 · ¡AYUDA, ME ESTOY AUTODIAGNOSTICANDO OTRA VEZ!

1. Ellen McVay, "Social Media and Self-Diagnosis", Johns Hopkins All Children's Hospital, 31 de agosto de 2023, https://www.hopkinsmedicine.org/news/articles/2023/08/social-media-and-self-diagnosis.

2. Afton M. Koball et al., "Distress Tolerance and Psychological Comorbidity in Patients Seeking Bariatric Surgery", *Obesity Surgery* 26, n.º 7 (2016): 1559-64, https://pubmed.ncbi.nlm.nih.gov/26464243/.

3. Lucy Foulkes y Jack L. Andrews, "Are Mental Health Awareness Efforts Contributing to the Rise in Reported Mental Health Problems? A Call to Test the Prevalence Inflation Hypothesis", *New Ideas in Psychology* 69 (2023): 101010, https://www.sciencedirect.com/science/article/pii/S0732118X2300003X.

4. ScienceDirect, "Mental Health", ScienceDirect Topics, consultado el 18 de septiembre de 2024, https://www.sciencedirect.com/topics/psychology/mental-health.

5. Ellen Barry, "Are We Talking Too Much About Mental Health?", *New York Times*, 6 de mayo de 2024, https://www.nytimes.com/2024/05/06/health/mental-health-schools.html.

6. Zoe Cunniffe, "The TikTokification of Mental Health on Campus", Mad in America, 22 de junio de 2024, https://www.madinamerica.com/2024/06/the-tiktokification-of-mental-health-on-campus/.

7. "Best Mentalhealthawareness TikTok Hashtags", TikTok Hashtags, consultado el 18 de septiembre de 2024, https://tiktokhashtags.com/hashtag/mentalhealthawareness/; Sultana Ismet Jerin, Nicole O'Donnell y Di Mu, "Mental Health Messages on TikTok: Analysing the Use of Emotional Appeals in Health-Related #EduTok Videos", *Health Education Journal* 83, n.º 4 (2024): 395-408, https://doi.org/10.1177/00178969241235528.

8. Cunniffe, "The TikTokification of Mental Health on Campus."

9. Howard N. Garb, "Race Bias and Gender Bias in the Diagnosis of Psychological Disorders", *Clinical Psychology Review* 90 (2021): 102087, https://www.sciencedirect.com/science/article/abs/pii/S0272735821001306.

10. Margarita Panayiotou et al., "Time Spent on Social Media Among the Least Influential Factors in Adolescent Mental Health: Preliminary Results from a Panel Network Analysis", Nature Mental Health 1 (2023): 316-26, https://doi.org/10.1038/s44220-023-00063-7.

11. Brian TaeHyuk Keum et al., "Benefits and Harms of Social Media Use: A Latent Profile Analysis of Emerging Adults", *Current Psychology* 42, n.º 9 (2022): 1-13, https://www.ncbi.nlm.nih.gov/pmc/articles/PMC9302950/.

12. Liz Do, "Is Social Media Fueling the Youth Mental Health Crisis?", UCI School of Social Ecology, 25 de agosto de 2023, https://socialecology.uci.edu/news/social-media-fueling-youth-mental-health-crisis; Candice L. Odgers, "The Panic Over Smartphones Doesn't Help Teens", *Atlantic*, 21 de mayo de 2024, https://www.theatlantic.com/technology/archive/2024/05/candice-odgers-teens-smartphones/678433/?utm_source=apple_news.

13. Candice L. Odgers y Michaeline Jensen, "Annual Research Review: Adolescent Mental Health in the Digital Age: Facts, Fears, and Future Directions", *Journal of the American Academy of Child & Adolescent Psychiatry* 61, n.º 3 (2020): 336-48, https://pubmed.ncbi.nlm.nih.gov/31951670/.

14. Odgers, "The Panic Over Smartphones Doesn't Help Teens".

CAPÍTULO 17 · ¡AYUDA, LA TECNOLOGÍA ESTÁ EN TODAS PARTES!

1. Serena Baudacco et al., "A Bidirectional Model of Sleep and Technology Use: A Theoretical Review of How Much, for Whom, and Which Mechanisms", *Sleep Medicine Reviews* 76 (2024): 101933, https://www.sciencedirect.com/science/article/pii/S1087079224000376?mod=ANLink.

2. Baudacco et al., "Bidirectional Model"; Melinda Beck, "Open the Book, Put Down the Tablet at Bedtime", *Wall Street Journal,* 22 de diciembre de 2014, https://www.wsj.com/articles/open-the-book-close-the-e-reader-at-bedtime-1419272534?mod=ANLink.

3. Xanne Janssen et al., "Associations of Screen Time, Sedentary Time and Physical Activity with Sleep in Under 5s: A Systematic Review and Meta-Analysis", *Sleep Medicine Reviews* 49 (2020): 101226, https://www.sciencedirect.com/science/article/pii/S1087079219301947; Lisbeth Lund et al., "Electronic Media Use and Sleep in Children and Adolescents in Western Countries: A Systematic Review", *BMC Public Health* 21 (2021): 1598, https://doi.org/10.1186/s12889-021-11640-9.

4. Alex Janin, "Screen Time Before Bed Might Not Be That Bad After All", *Wall Street Journal,* 29 de mayo de 2024, https://www.wsj.com/health/wellness/sleep-blue-light-screens-dbb796e7.

5. Janin, "Screen Time Before Bed"."

6. Baudacco et al., "Bidirectional Model".

7. Brian Stelter, "8 Hours a Day Spent on Screens, Study Finds", *New York Times,* 26 de marzo de 2009, https://www.nytimes.com/2009/03/27/business/media/27adco.html.

CAPÍTULO 18 · ¡AYUDA, TODO ESTÁ SALIENDO MAL!

1. Morgan Harper Nichols, *Peace Is a Practice: An Invitation to Breathe Deep and Find a New Rhythm for Life,* ed. Kindle (Zondervan, 2022), 2.

2. Sophie Vandepitte et al., "The Role of 'Peace of Mind' and 'Meaningfulness' as Psychological Concepts in Explaining Subjective Well-Being", *Journal of Happiness Studies* 23 (2022): 3331-46, https://doi.org/10.1007/s10902-022-00544-z; Michele Vecchione et al., "The Associations Between Grandiose Narcissism and Perfectionism: New Insights Into an Old Debate", *Personality and Individual Differences* 215 (2023): 112395, https://doi.org/10.1016/j.paid.2023.112395; Leaf et al., "Habit Formation and Automaticity"; Leaf et al., "Psycho-Neuro-Biological Correlates of Beta Activity".

3. James A. Dungan, Michael Stepanovic y Liane Young, "Theory of Mind for Processing Unexpected Events Across Contexts", *Social Cognitive and Affective Neuroscience* 11, n.º 8 (2016): 1183-92, https://doi.org/10.1093/scan/nsw032.

4. Guy William Fincham et al., "Effect of Breathwork on Stress and Mental Health: A Meta-Analysis of Randomised-Controlled Trials", *Scientific Reports* 13 (2023): 432, https://doi.org/10.1038/s41598-022-27247-y.

5. Andrea Zaccaro et al., "How Breath-Control Can Change Your Life: A Systematic Review on Psycho-Physiological Correlates of Slow Breathing", *Frontiers in Human Neuroscience* 12 (2018): 353, https://doi.org/10.3389/fnhum.2018.00353.

6. Divya Budhraja Mathur, "My Favorite Team Building Activity: On Asking for Help", *Eat Teach Blog*, 25 de abril de 2018, https://eatteachblog.com/team-building-activity/.

7. Amy Morin, "7 Scientifically Proven Benefits of Gratitude", *Psychology Today*, 3 de abril de 2015, https://www.psychologytoday.com/us/blog/what-mentally-strong-people-dont-do/201504/7-scientifically-proven-benefits-gratitude.

8. Morin, "7 Scientifically Proven Benefits".

9. *Oxford Reference*, "Maya Angelou 1928–2014", consultado el 24 de septiembre de 2024, https://www.oxfordreference.com/display/10.1093/acref/9780191866692.001.0001/q-oro-ed6-00000286.

CONCLUSIÓN: ESTÁ BIEN NO ESTAR BIEN

1. "Sam Sundquist Quotes", Goodreads, consultado el 18 de septiembre de 2024, https://www.goodreads.com/quotes/579286-some-days-you-just-have-to-create-your-own-sunshine.

2. Courtney Sembler, "A Bad Day Not a Bad Life", Medium, 16 de abril de 2019, https://medium.com/@CSembler/a-bad-day-not-a-bad-life-ea02fabd2faf.

3. "Slow Progress Is Better Than No Progress", Pin de Pinterest, publicado por Look Up Quotes, consultado el 18 de septiembre de 2024, https://ie.pinterest.com/pin/slow-progress-is-better-than-no-progress–556687203949408126/.

4. "Oh Yes, the Past Can Hurt", Pin de Pinterest, publicado por Reyton Santos, consultado el 18 de septiembre de 2024, https://br.pinterest.com/pin/194499277644042847/.

5. "Brendon Burchard Quotes", BrainyQuote, consultado el 18 de septiembre de 2024, https://www.brainyquote.com/quotes/brendon_burchard_864738.

6. "Bernie S. Siegel Quotes", Goodreads, consultado el 18 de septiembre de 2024, https://www.goodreads.com/author/quotes/683.Bernie_S_Siegel.

7. "Gregory S. Williams Quotes", Goodreads, consultado el 18 de septiembre de 2024, https://www.goodreads.com/author/quotes/6491152.Gregory_S_Williams.

8. Larry Lewis, "Turn Your Wounds into Wisdom", *Larry Lewis* (blog), consultado el 18 de septiembre de 2024, https://www.larry-lewis.com/5381/turn-your-wounds-into-wisdom.

DRA. CAROLINE LEAF

Es patóloga del lenguaje y neurocientífica clínica especializada en psiconeurobiología. Su pasión es ayudar a las personas a ver el poder de la mente para cambiar el cerebro, controlar el pensamiento caótico y encontrar paz mental. Es autora de varios libros superventas, entre ellos *Limpia tu enredo mental, Enciende tu cerebro, Cómo ayudar a tus hijos a limpiar su enredo mental, Piensa y come de manera inteligente, El poder de ser tú* y *Piensa, aprende y ten éxito*. También es la presentadora del pódcast de gran audiencia *Cleaning Up the Mental Mess,* que suma más de cuarenta millones de descargas. Actualmente realiza amplia investigación y enseña en conferencias académicas, médicas, corporativas y de neurociencia, así como en instituciones religiosas y espirituales de todo el mundo. La Dra. Leaf y su esposo, Mac, tienen cuatro hijos adultos y viven en Cleveland, Ohio.

Conecta con Caroline:

DrLeaf.com

drleaf

DrCarolineLeaf

drcarolineleaf

Dr. Caroline Leaf